AS FORMAÇÕES DO PSICANALISTA

ANNIE TARDITS

AS FORMAÇÕES DO PSICANALISTA

TRADUÇÃO
Procopio Abreu

EDITOR
José Nazar

cia. de Freud

Editoração Eletrônica
FA - Editoração Eletrônica

Tradução
Procopio Abreu

Editor Responsável
José Nazar

Título Original
The trainings of the psychoanalyst

Rio de Janeiro, 2011

CIP-BRASIL. CATALOGAÇÃO-NA-FONTE
SINDICATO NACIONAL DOS EDITORES DE LIVROS, RJ

F82

As formações do psicanalista / Annie Tardits; editor José Nazar. — Rio de Janeiro: Companhia de Freud; 2011.

Tradução de: The trainings of the psychoanalyst.
Inclui bibliografia
ISBN 978-85-7724-092-0

1. Psicanálise. 2. Psicanalistas. I. Tardits, Annie. II. Título.
09-0478. CDD: 150.195
CDU: 159.964.2

---

cia de Freud
editora

Endereço para Correspondência
Rua Barão de Sertório, 48 – casa
Tel.: (21) 2293-7166 • (21) 2293-9440
Rio Comprido – Rio de Janeiro
e-mail: ciadefreud@gmail.com

A alguns outros

SUMÁRIO

Para introduzir 9

1. Os primeiros psicanalistas 13
   Um testemunho 13
   A maneira de Freud 19
   Budapeste 25

2. O modelo berlinense 33
   A utopia de uma terapêutica de massa 33
   A regulamentação 37
   A clivagem terapêutico-didática: um mal-entendido 41
   O campo da didática 46

3. A instituição da formação, crises e debates 53
   A fantástica ideia de Freud 53
   O debate de 1927 sobre a análise profana 59
   Os desafios do padrão e seu questionamento 66
   A crise francesa de 1953 74

4. De uma formação a outra 85
   Uma formação profissional? 85

A questão técnica 91
A fundação da Escola 101

5. A formação de escola 109
Os saberes afins 109
A psicanálise aplicada à terapêutica 118
A psicanálise pura 125

6. Os dispositivos de escola 141
Os dispositivos em questão 141
O cartel 148
O passe 154

Perspectiva 169

Bibliografia 173

PARA INTRODUZIR

Freud renunciou aos benefícios terapêuticos da sugestão hipnótica; limitou os meios da cura a uma fala endereçada e convidada a dizer o que não sabe saber. Assim, foi obrigado a reconhecer fatos: a resistência, a amnésia, a transferência. Para explicar isso, construiu teorias escandalosas para o pensamento: as teorias do recalque, do inconsciente, da *libido* e da pulsão de morte. É possível, e de que modo, aprender isso? É possível, e de que modo, aprender a maneira de tornar inteligível para outro a neurose e de fazer nele advir o desejo de se separar de seu sintoma?

Aplicada aos sofrimentos psíquicos, a psicanálise mantém uma relação paradoxal com a terapêutica: deve suspender a visada terapêutica e incentivar, com a neurose de transferência, o desenvolvimento de uma nova forma da neurose. É menos levada pelo desejo de cuidar, consolar ou perdoar, que por um desejo de saber e um desejo de diferença. Na pesquisa científica, mantém curiosa relação com a ciência: ao valorizar a verdade do que é dito no sintoma, reconhece a incidência do sexual no acontecimento psíquico, ali onde a ciência moderna se fundou ao rejeitar a verdade do sexual fora do campo do conhecimento. Em sua iniciativa teórica, tem a singular obrigação de reconhecer a especificidade do não saber em ação na paixão da ignorância, deve forçar os limites encontrados quando tentamos pensar o impossível em jogo num sexual marcado pela incidência da linguagem. Como pensar a formação que fosse apropriada para dar acesso a essa disciplina de pensamento e a essa *práxis*, uma formação que, desde 1926, é questão de debates e cisões no movimento psicanalítico?

Espanto e alguma suspeita puderam nos incentivar a empreender essa investigação sobre a formação do psicanalista; mas se garantiram a distribuição do jogo de nossas questões, não teriam bastado para comandar a partida. Como numa análise, foram os significantes maiores de uma história por nós desconhecida que impuseram uma leitura; ali perdemos algumas ideias aceitas.

Espantou-nos que um dito de Lacan de 1973 pudesse ter feito *doxa* ao ponto de tornar obsoleta a questão da formação do psicanalista para muitos de seus alunos. Durante uma jornada de estudos da Escola Freudiana de Paris, Lacan pode ter dito: "Nunca falei de formação psicanalítica. Falei de formações do inconsciente." Ele não disse: "Nunca falei de formação do psicanalista", como isso costuma lhe ser emprestado em citações desse dito, pois ele sabia bem que tinha falado, com frequência, ao ponto de dizer que a isso dedicava seu ensino. Mas, com efeito, não retomou por sua conta a expressão "formação analítica" que evoca uma formação profissional. Entretanto, essa mesma invenção deveria nos alertar sobre seu manejo paradoxal de termos escolhidos. Depois de dizer que tentou apagar o termo "didática", ele ressalta que uma análise é "didática" quando para o sujeito ali se desvela de que saber articulado ele é o efeito. Da mesma forma que até bem tarde manteve o uso desse termo, utilizou de modo bem amplo o termo "formação", tanto no sentido da ação de formar (um conceito, o eu [*moi*], o supereu, um delírio, um sintoma, um complexo, ... um psicanalista) quanto do resultado dessa ação (formação moral, mental, delirante, familiar, formações do espírito, do eu [*je*], do inconsciente, o Eu [*Moi*] como formação... e o psicanalista como formação). A língua francesa lhe permitia jogar com o equívoco de uma palavra inscrita no cerne da gramática tradicional com a "formação de palavra". As conotações do *training* (tanto em matéria de treinamento, de horticultura ou de artilharia) com certeza não permitem ressonâncias equivalentes. Com a *Bildung*, outras referências estão em jogo, que evocaremos. Logo, ficamos espantados com o relativo desuso do termo formação e com a preferência dada em geral àquele de transmissão.

A *doxa* que sustenta a citação errônea comporta a ideia que Lacan rompeu com o sistema de formação da IPA, que ele vivamente criticou, e que ele teria definido a cura como o único lugar da formação, deixando incerta, talvez até não necessária, a referência à instituição. Com efeito, a identificação entre a IPA e seu sistema de formação é determinante, tanto na realidade quanto na análise e na sátira feitas por Lacan em 1956. Por outro lado, como é aceito pensar que Freud quis a instituição psicanalítica conforme a modalidade por ele estabelecida, rapidamente é dado o passo que leva a concluir que Freud quis a formação tal como foi organizada pela IPA, e que Lacan teria operado um corte maior em relação a eles. Foi sobre essa opinião que nossa suspeita se voltou. Preferimos nos deixar guiar pelas referências recorrentes de Lacan às indicações de Freud em 1926 para levantar a hipótese que Lacan operou uma volta a Freud em matéria de formação também, e que Freud pode ter mantido uma posição mais sutil que aquela que supõem ser a sua para com a formação instituída.

Essa hipótese se chocava com a noção do corte operada por Lacan, em particular com sua proposição de 1967 sobre o psicanalista da Escola. Dois trabalhos de alunos de Lacan relativos à formação – o artigo de *Scilicet* em 1976 "Sobre a história da formação dos analistas" e o livro de 1983 de Moustapha Safouan, *Jacques Lacan e a questão da formação dos analistas* – são construídos, em sua própria arquitetura, sobre a falha que haveria entre a formação "antes de Lacan" e a formação "com Lacan", assegurada pela proposição que institui o passe. Fizemos a tentativa de bordejar essa falha, de identificar seus contornos, de situar seu lugar e seu tempo verdadeiros.

Com o espanto, a suspeita e a hipótese de que falamos, caminhamos entre a história (lenda, fábula, *História*) que é contada, que lemos e escutamos, e a história (*Geschichte*) que o historiador faria e que não fizemos como tal. Ao jogarmos com a complementaridade entre história e estrutura, assumimos o risco de uma construção. Nosso desejo foi de construir a formação como questão, naquele lugar "entre ciência e ficção" onde Michel de Certeau situava a psicanálise e a história, o lugar que Freud atribuiu ao psicanalista para construir a verdade de um começo necessariamente perdido.

1

OS PRIMEIROS PSICANALISTAS

UM TESTEMUNHO

No Congresso de Weimar da *Internationale Psychoanalytische Vereinigung* (IPV), uma mulher fala a Freud de seu desejo de aprender a psicanálise. Freud então ri muito do ardor de Lou Andreas-Salomé. Um ano mais tarde, em 1912, após seis meses "de estudos preparatórios autodidatas", ele a autoriza a participar das noitadas de quarta-feira. Escreve-lhe em 1º de outubro de 1912: "Vamos nos esforçar para tornar acessível o pouco daquilo que, na psicanálise, se deixa mostrar e comunicar[1]." Durante o semestre de inverno, ela acompanha as conferências de Freud e as aulas de Tausk, que ela acha servil demais às ideias de Freud, participa das discussões da quarta-feira da Sociedade Psicanalítica de Viena. Os passeios da quarta-feira à noite e as longas visitas dominicais a Freud tecem entre eles os fios de uma amizade, uma afeição e uma colaboração intelectual de vinte e cinco anos. A correspondência entre os dois prossegue sob o signo de uma "franqueza completa e sem desvio". Já em 1913, ela participa das publicações da *Imago*; em 1917, vem pedir conselho a respeito da análise de uma menina: está se sentindo

[1] L. Andreas-Salomé, *Correspondance avec Sigmund Freud*, Paris, Gallimard, 1970, p. 11. Reservamos a possibilidade de revisar certas traduções.

um pouco perdida. Em 1922, em Göttingen, depois em 1923-1924 em Königsberg, ela conduz algumas análises didáticas de médicos. Só em 1922, graças a uma quebra nos estatutos, é que passa a ser membro por inteiro da Sociedade Psicanalítica de Viena, onde se sentiu em casa como em nenhum outro lugar; Anna Freud, a "filha-Anna", pronunciou a conferência feita em comum para a admissão regulamentar das duas.

Lou Andreas-Salomé não esquecerá "o tom sério, quase lúgubre", no qual Freud advertia seus ouvintes das dificuldades da psicanálise e sublinhava a resistência que o homem desperto e consciente a ela opõe quase necessariamente já que essa resistência pertence normalmente e não patologicamente ao psiquismo. Ela não deixara de ouvir ali "uma vontade bem resolvida de fazer medo[2]". Com efeito, como não ter medo de uma descoberta que só pôde ser adquirida no patológico, "ali onde a vida interior renuncia um pouco a si mesma por suas derrapagens"? Vem-lhe à mente, então, ouvindo Freud pela primeira vez, que foi esse pensamento que tomou conta dela quando encontrou a primeira menção da "coisa freudiana" ao ler Swoboda. Um interesse que ela podia crer "neutro e objetivo" fora despertado "pela atração de uma via que abria fontes novas".

É esta a primeira razão que ela formula quando Freud lhe fala da maneira como ela entrou, tão profundamente e ali se dando, na psicanálise. No que relata da entrevista, ela evita dizer como os encontros maiores de sua vida passada puderam formar esse interesse objetivo por um conhecimento que encontra suas fontes na experiência de certas derrapagens. Os encontros com Paul Rée, Nietzsche e Rilke, a íntima atração por Espinosa, mas também a convivência com a teologia, a filosofia e a escrita poética com muito certeza a prepararam para receber a psicanálise como um "presente". Freud se diverte com essa terceira razão: "Acho que, para você, a análise representa eternos presentes de Natal"; no entanto, ela é só a consequência, com certeza decisiva, do encontro com uma "ciência em devir" que permite "sempre voltar a um começo[3]". Esse começo é aquele mesmo que está no ponto de partida do psicanalisar (*Psychanalysieren*): na própria análise de

---

2 L. Andreas-Salomé, "À l'école auprès de Freud", em *Correspondance avec Sigmund Freud, op. cit.*, p. 273.
3 *Ibid.*, p. 325.

Freud se cumpriu, "no próprio ato do espírito", o que em seguida aparece como condição humana para se tornar "nós mesmos" no sentido mais simples[4]. Esse encontro age sobre ela; a psicanálise não se torna apenas para ela a escolha de uma profissão, mas "aquilo pelo que a vida não cessa constantemente de se orientar". Seu diário "Na escola de Freud" *(In der Schule bei Freud)* e a correspondência mostram a maneira como ela realiza o desejo de se dedicar à psicanálise; mostram a maneira como seu encontro com Freud e seus primeiros companheiros faz de seu desejo inaugural um desejo prevenido; mostram o que poderia ser uma formação de analista antes do tempo de sua regulamentação institucional.

Na primeira reunião da quarta-feira, Lou Andreas-Salomé não deixa de notar uma distância entre o que ela pode ter lido nos textos de Freud e o que ele acaba de dizer; a resposta de Freud à sua observação a esclarece sobre sua posição: "Minha *última* formulação." Ela descobre assim que "a teoria dele não é de forma alguma fixada de modo definitivo mas se regra ao longo de suas experiências". Essa posição de pesquisador que vai tranquilamente em frente, sem trégua, faz, segundo ela, a grandeza de Freud e dá um sentido particular ao dogmatismo que lhe é imputado: só há uma maneira de balizar a orientação dessa busca que se aventura nas fronteiras, reivindica o direito de impor conceitos nascidos do embaraço (assim, o de pulsão) e "faz de um desamparo da vida psíquica um benefício para a ciência".

É a essa posição de pesquisador e não a algum complexo paterno que ela relaciona a complexidade de certos traços de Freud: um desejo de solidão nostálgica do tempo de antes da escola e do público que ele no entanto quis, um egoísmo que suporta mal a seu lado um espírito independente e agressivo, embora até deseje a liberdade mais despojada de dogmatismo de seus discípulos. Essa complexidade é particularmente posta à prova nesses anos de cisão. Em 1912, já faz dez anos que Freud começou a se reunir com alguns outros, trabalhando, num mesmo ritmo, na elaboração da psicanálise, em sua transmissão, na condução das curas, na formação dos primeiros psicanalistas. A perda da amizade de Wilhelm Fliess foi o preço a ser pago por esse novo passo de Freud. Ao fazer existir a psicanálise, ao

4 L. Andreas-Salomé, *Correspondance avec Sigmund Freud*, *op. cit.*, p. 77 e 224.

fazê-la ex-sistir" a ele e a Fliess, com quem ele dividiu sua descoberta, Freud perdeu a amizade daquele que foi a testemunha ativa da formação nele do desejo do analista; aquele que foi seu primeiro público e o endereço de uma suposição de saber. 1912 é o tempo de novas separações cujas questões vão ter papel determinante na formação de Lou Salomé.

Embora a ruptura esteja consumada entre Freud e Alfred Adler, ela encontra este último e participa de algumas de suas *soirées*, respeitando a clivagem que Freud lhe pede para observar; ela briga asperamente com aquele que para ela permanece um discípulo psicólogo de Marx e acaba elaborando sua própria ruptura. Seu pendor para a síntese, provavelmente reforçado pela formação anterior, filosófica em particular, poderia tê-la feito passar pelos construtores de sistemas que são Jung e Adler. Freud sublinha de maneira recorrente a maneira de pensar de Lou Salomé, tão diferente da dele, e da qual ele não deixa de tirar proveito ao deixar agir sobre si seus comentários, sua maneira "de completar e de ajustar os pedacinhos" até fazer deles um edifício" ali onde ele prefere se ater ao fragmentário e às frases descontínuas. Ele claramente notou como ganhou sua confiança: "Com a libido do Eu [*Moi*], você entendeu minha maneira de trabalhar. Passo a passo, sem necessidade interna de uma conclusão, sempre sob a pressão de um problema surgido e com o cuidado ansioso de respeitar a sucessão das instâncias[5]."

Por ser testemunha e atriz do forjamento do conceito de libido narcísica, Lou Andreas-Salomé tem ideia do tamanho das questões teóricas, práticas e pessoais dessas cisões às quais Freud repugna e que resolve enfrentar. Quando ele lhe atribui o papel de julgar como "terceira pessoa" sua *Contribuição para a história do movimento psicanalítico*, ela tenta dar conta do processo que de um mal-entendido faz cisão. Por razões unicamente pessoais, o núcleo teórico é deslocado de sua posição central e em seu lugar colocado um novo ponto de partida. De maneira bem impressionante, ela avalia que há ali um movimento necessário: "Cabe à parte mais específica da psicanálise freudiana suportá-lo de maneira completamente nova[6]." Com efeito,

---

5 *Ibid.*, p. 81.
6 *Ibid.*, p. 25 e 26.

de maneira decisiva, na psicanálise, "só conhecemos aquilo de que temos a experiência", e a resistência está, para cada um, no cerne dessa experiência. A psicanálise progride *com* essa resistência da qual a resistência à doutrina é uma modalidade. "Acusar e denunciar, desmascarar e corrigir", essas tarefas que repugnam a Freud, são, portanto, uma exigência da psicanálise.

É com a metáfora do núcleo e da margem, da árvore, do enxerto e do rebento que ela própria vai se orientar na liberdade que ela toma de estar sob certos pontos em desacordo com Freud. O pequeno núcleo de subjetividade de cada um pode tirar proveito da margem em torno dos trabalhos de Freud, margem aonde o próprio Freud não repugna ir, mas "o que pertence à psicanálise deve permanecer intacto". Sua preocupação aplicada e constante de não interpretar errado o que tem a ver com o núcleo da psicanálise lhe vale um elogio amistoso de Freud, "você é uma compreendedora por excelência" ("*eine Versteherin par excellence*"); mas ele acrescenta belamente que a maneira dele de cair no escuro artificialmente para se concentrar num ponto negro não o torna toupeira o bastante para não ficar feliz com as intuições que ela lhe remete. É possível fazer a hipótese que ele não será surdo às objeções que ela formulará em 1931 a respeito da religião e da criação estética. Elas atingiam o núcleo ou a margem?

Se a façanha científica específica da psicanálise é fazer com que as noções se inclinem diante da experiência porque, mais que em todas as ciências do espírito, só conhecemos aquilo de que fazemos a experiência, as querelas serão mais difíceis de nivelar, as lutas mais patéticas que em qualquer outro lugar. Pois os mal-entendidos das cisões são um efeito quase necessário da intricação entre a teoria e o pequeno pedaço de subjetividade, entre a experiência e o saber. A "mesa da quarta-feira", a "espécie de confraria" na qual a psicanálise a introduziu são, portanto, para Lou Andreas-Salomé, o princípio de "comunidade honesta" (*ehrlichen Gemeinschaft*) em que a probidade de cada um para consigo mesmo e com os outros permite que os enfrentamentos dos "irmãos" sejam leais. Mas a constituição do núcleo teórico em "dogma absoluto" bastará para se substituir à presença de Freud que garante uma coesão e o campo necessário aos combates?

Lou Andreas-Salomé sustenta a necessidade de constituir o núcleo teórico da psicanálise em "dogma absoluto" a fim de fazer com que ela seja acolhida por círculos mais amplos; em 1917, fica feliz porque as *Conferên-*

cias de introdução à psicanálise dão forma ao edifício tão pessoal de Freud de modo a que sua significação e seu valor estejam ao alcance de exame das pessoas estranhas, daqueles "leigos" (*Laien*) entre os quais ela se alinha. Ora, melhor que ninguém, melhor que o próprio Freud a quem ela formula a verdade de sua queixa para com uma produção intermitente, mal assegurada, por demais submetida ao humor e à saúde, ela formulou que o objeto da psicanálise só se deixa abordar com essas intermitências. "Pois por mais científico que seja o *método* de abordagem – [esse objeto] sempre vai tender a nos escapar, como o sonho escapa à vigília; isso sempre vai exigir um esforço quase não natural de se dedicar a ele." Ela acrescenta, seguindo nisso o conselho de Freud, que esse esforço talvez só seja possível "mediante o hábito jamais inteiramente perdido da prática de análises de si mesmo como dos doentes[7]". Na própria intermitência da produção teórica, o objeto da psicanálise imprime a "marca de sua autenticidade".

No tempo em que o grande número, a multidão, assedia o edifício e busca obter autorização para nele entrar, qual modalidade de "comunidade honesta" pode abrigar tal relação com o saber e com os próprios fundamentos da psicanálise, com a tentativa igualmente necessária de transmitir essa intricação específica do saber e da experiência? Sobre essa questão, Lou Andreas-Salomé nada diz. Aquela a quem Freud se dirigia como a um juiz imparcial e que, à maneira de uma criança cujo sonho é preenchido por um presente, assinava com orgulho e humor "membro-Lou" a carta na qual tomava ciência de sua admissão na Sociedade de Viena, manteve uma posição singular para com essa "causa-coisa" (*Sache*) à qual dedicou um terço de sua vida. Ela não tomou parte dos "negócios" da mesma maneira que os "seis grandes irmãos", conforme o erro repetido de Freud. Com ela, Freud não corre o risco de "os negócios devorarem a ciência" (carta a Ernest Jones. 18. XI. 1920). Esse risco, o risco de os empreendimentos absorverem um tempo e lazer necessários ao trabalho científico, ele o assume com os irmãos, esses irmãos um pouco filhos demais para que ele próprio possa se contar como irmão se tal for o voto que seu lapso indica[8]. Entretanto, ele lhe oferece um

---

[7] *Ibid.*, p. 68.

[8] O número de irmãos atribuído de maneira errônea a Lou (seis em vez de cinco) é, na verdade, o número dos membros do Comitê Secreto, nessa data, Freud incluído.

anel, como àqueles do Comitê Secreto, e em seu elogio fúnebre ele a conta entre os "companheiros de luta". Algo da divisão de Freud em seu esforço para carregar o destino de sua invenção pode se apreender aí; dessa divisão a psicanálise atual é herdeira, ela se alojou de maneira eletiva na questão da formação dos analistas.

A maneira de Freud

A instituição psicanalítica ainda estava nascendo quando Freud teve de enfrentar a "patologia das associações" da qual Ferenczi prevenira os psicanalistas no instante em que iam se organizar na IPV. À patologia clássica (narcisismo, querelas de prioridade, conflitos filiais com a autoridade) se acrescentava a dificuldade, para os discípulos de Freud, de sustentar as noções centrais do inconsciente, do recalque e da *libido*. Por essas noções, Freud respondia pelos fatos encontrados (a lacuna da lembrança, a resistência, a transferência) uma vez que havia renunciado à sugestão hipnótica e inventado um dispositivo de fala endereçada determinado pelo método de livre associação. Essa regra, que devia posteriormente ser qualificada de "fundamental", permitia precisamente que se manifestassem na cura a resistência, a transferência e as produções psíquicas que podem ser relacionadas ao inconsciente. A saída de Steckel pôs em jogo dados subjetivos mais que conflitos teóricos; Freud vai considerar que Steckel permaneceu fiel à psicanálise ainda que lhe tenha causado mal. As dissidências de Adler e de Jung revelaram resistências às noções centrais e a recusa de reconhecer os fatos pelos quais elas são responsáveis. Foi para Freud o momento de especificar o que deve ser nomeado psicanálise e o que é melhor chamar de outro modo. Pois esses fatos e essas teorias, escandalosos para o pensamento, constituem o "terreno aceito das premissas da psicanálise", terreno que não pode ser abandonado sem que se deixe a psicanálise. As posições de Adler e de Jung ilustravam como a resistência e a transferência estão em ação na relação com a doutrina que tenta explicá-las. Como, então, levar em consideração o fato de o investimento da neurose na teoria poder estar no princípio dos erros como das descobertas? Como preparar os psicanalistas para reconhecer esses fatos e suportar teorias que engendram tal aversão?

Confrontado com aqueles que ele deve dali por diante considerar adversários da psicanálise, Freud continua pensando, em 1914, que a posição em relação ao sonho e à sua interpretação é determinante. De acordo com o que a experiência lhe ensinou, ele pensa, nesses anos, que, sendo o sonho um *analogon* do sintoma, "tratando-se de um bom sonhador e de um indivíduo não afastado demais da norma", o gênero de análise que foi a dele pode bastar. Ele talvez não tenha a dimensão do fato que a imagem aterrorizante, angustiante, inominável, desperta um sonhador normal ao passo que ele, Freud, em razão de sua "coragem irredutível pela verdade[9]", prossegue a busca da verdade até o reconhecimento daquilo que Lacan designará como "o caráter acéfalo do sujeito[10]". Entretanto, Freud sabe, desde o sonho da injeção de Irma, que foi ali que ele encontrou a chave do sonho, a chave da neurose, a chave da cura. Mas isso, como transmitir? É possível ensinar?

No texto de 1904, em que apresenta seu método com a objetivação da terceira pessoa, Freud dá *A interpretação do sonho* como uma iniciação à técnica que permite extrair "do mineral das ideias fortuitas o puro metal dos pensamentos recalcados[11]". Ferenczi confirma como cada nova leitura desse texto (para ele, já são numerosas em 1908) lhe dá novos conhecimentos e esclarecimentos que lhe haviam escapado (66 Fer)[12]. Mas, em 1912, Freud precisa como o manejo da interpretação dos sonhos não é uma arte em si; ele "deve obedecer ao conjunto do tratamento". Entre essas duas datas, sua própria experiência e a das primeiras análises permitiram desenhar os contornos específicos e os escolhos, inesperados ainda que previsíveis, desse método. Nas cartas e nos encontros com eles, Freud dá com prazer de presente a seus primeiros companheiros essa "conquista mais áspera", a técnica, mas responder enquanto "ancião experiente" aos pedidos de conselho de Karl Abraham, de Sándor Ferenczi e de Ernest Jones, não basta, sua confe-

---

9 S. Freud, Lettre à Lou Andreas-Salomé 28.7.1929, *op. cit.*, p. 225.

10 J. Lacan, *Le Séminaire*, Livre II, *Le Moi dans la théorie de Freud et dans la technique de la psychanalyse*, Paris, Seuil, 1978.

11 S. Freud, "La méthode psychanalytique de Freud" em *La Technique psychanalytique*, Paris, PUF, 1953, p. 5.

12 Retomamos a numeração das cartas da *Correspondance Sigmund Freud-Sandor Ferenczi*, 3 vol., Paris, Calmann-Lévy, 1992-2000.

rência no Colégio dos Médicos de 1904 tampouco. Ele toma a dimensão da distância que existe entre sua maneira de exercer regras, que a prática lhe ensinou "às [suas] próprias custas empregando outros métodos", e a atitude de seus alunos. Nunca lhe acontece ter medo de ficar em dificuldades com um paciente, como é o caso com Abraham, preocupado demais em triunfar rapidamente sobre o sintoma; sua indiferença para com os pacientes não o conduz a ter "tendência excessiva a considerar os assuntos dos doentes com os [seus]", como é o caso com Ferenczi. Essas trocas de 1908, que dizem respeito às questões técnicas maiores da manobra do tempo, da transferência e daquilo que, um ano mais tarde, ele vai chamar a contra-transferência, o conduzem, então, a começar a escrever um "método geral da psicanálise". Ferenczi mostra-se sem reservas feliz, sem aquela sutil rivalidade recorrente em Abraham; ele avalia a que ponto "deve haver algo de doloroso em oferecer simplesmente aos caçulas esses conhecimentos adquiridos ao preço de tantas dificuldades e sacrifícios" (23 Fer). Mas Freud com certeza só pode poupar aos sucessores "uma parte do tormento e do preço da lição[13]".

Freud não publicará essa metodologia, a ela renuncia em 1910, como renunciará à *Metapsicologia*; ali, já, ele escolhe o fragmentário e publica, entre 1912 e 1915, seis artigos decisivos sobre a técnica da cura analítica. Primeiramente publicados no *Zentralblatt für Psychoanalyse*, depois no *Internationale Zeitschrift für Psychoanalyse*, eles serão reunidos em 1918 na *Coletânea dos pequenos escritos sobre a teoria das neuroses*[14]. Em 1912, Freud anuncia que, ao lado de artigos que trazem novidades na elaboração da psicanálise, o *Zentralblatt* se propõe a apresentar trabalhos "de natureza didática e conteúdo técnico", expondo claramente o já conhecido a quem aprende e visando dar ao iniciante na prática indicações apropriadas que lhe poupem gasto de tempo e energia. Em 1914, escreve quais foram sua reserva e sua escolha: "Eu mesmo não ousava ensinar uma técnica ainda incompleta e uma teoria sempre em devir com uma autoridade que com

---

13 *Correspondance Sigmund Freud-Karl Abraham*, Paris, Gallimard, 1969, p. 31.

14 S. Freud, "Le maniement de l'interprétation des rêves en psychanalyse"; "Sur la dynamique du transfert"; "Conseils au médecin pour le traitement psychanalytique"; "Sur le début du traitement"; "Se souvenir, répéter et perlaborer"; "Remarques sur l'amour de transfert". Trad. em *La Technique psychanalytique*, *op. cit.*

toda certeza teria poupado aos outros muitos erros e, no fim das contas, desvios[15]." Diz ter preferido a autonomia dos trabalhadores intelectuais e sua rápida independência em relação a um mestre. Reconhece que é uma escolha difícil, arriscada até, se ele não tiver o apoio de uma "longa e severa disciplina".

Essa disciplina, que contesta as posições de mestre e aluno suscetíveis de dar seu fundamento a um aprendizado, é a da análise e de sua regra fundamental. Já em 1910, no Congresso de Nuremberg, Freud colocou a exigência: "[...] Todo analista só pode levar a cabo seus tratamentos na medida em que seus próprios complexos e suas resistências interiores isso lhe permitem[16]." Logo, convém exigir que o analista "comece sua atividade com uma análise de si (*Selbstanalyse*) e que não cesse nunca, até quando aplica ele mesmo tratamentos em outrem, de aprofundar esta. Aquele que nada traz com essa análise fará melhor renunciando logo a tratar analiticamente os doentes". Dois anos mais tarde, em junho de 1912, em seus "Conselhos ao médico sobre o tratamento analítico", ele dá um passo a mais. Não responde mais que alguém se torna psicanalista analisando os próprios sonhos e presta homenagem à escola de Zurique por ter passado a exigir também que toda pessoa que queira praticar a análise se submeta antes ela mesma a uma análise com um analista qualificado. Contar todos os pensamentos a um estranho "sem a isso ser forçado pela doença" é por certo um sacrifício, mas é um ganho de tempo e uma economia de afeto, a possibilidade de chegar a uma convicção relativa à pessoa e ao corpo próprios que conferência ou obra alguma vai dar. Quem despreza ser analisado põe em risco não só os pacientes, mas si próprio, a psicanálise, enfim, pois então é grande a tentação "de atribuir às próprias particularidades, que ele percebe obscuramente, um valor científico geral[17]".

Com a noção de uma especificidade da análise didática, embora o termo não esteja no texto, ao contrário do que a tradução francesa por mui-

---

15 S. Freud, *Sur l'Histoire du mouvement psychanalytique*, Paris, Gallimard, 1991, p. 47.

16 S. Freud, "Perspectives d'avenir de la thérapeutique analytique", em *La Technique psychanalytique*, *op. cit.*, p. 27.

17 S. Freud, "Conseils au médecin sur le traitement psychanalytique", em *La Technique psychanalytique*, *op. cit.*, p. 68.

to tempo fez crer, temos as premissas de questões que serão recorrentes na história da formação dos psicanalistas: a distinção entre análise terapêutica e análise didática relacionada com a suposta normalidade dos candidatos analistas, o fim requerido para a análise de um analista, e a "relação psíquica durável" que se estabelece entre o novo analista e seu "introdutor" *(Einfürhrenden)*.

Importa aqui notar que Freud nem por isso faz dessa exigência uma regulamentação e que se mantém igualmente aquém da leitura radical dela feita por Ferenczi. Nessa data, em junho de 1912, os mais próximos ainda não iniciaram esse trabalho de análise com outro analista. Em 30 de julho de 1912, Jones fala a Freud do voto de Ferenczi que analistas sejam sistematicamente analisados por Freud. Esse pequeno grupo de homens poderia "representar a teoria pura, preservada de todo complexo pessoal, e assim construir no seio da *Verein* um núcleo duro oficioso e servir de centros junto a quem outros (iniciantes) poderiam vir aprender o trabalho. Se apenas fosse possível, seria uma solução ideal[18]". Freud finge não ouvir. A conjunção entre seu "gosto pelo romanesco" e o imaginário romântico de Jones vai transformar a proposição de Ferenczi em projeto de um Comitê Secreto cujo caráter "pueril", reconhecido por Freud, não deixa de fazer ressoar as escritas secretas que, adolescente, ele partilhava com Silberstein. O "pequeno corpo unido, como os Paladinos de Carlos Magno, a proteger o reino e a polícia do mestre", com o qual sonha Jones, terá por certo a tarefa de "purgar, tanto quanto possível, a teoria de todas as excrescências e de coordenar nossos objetivos inconscientes com as exigências e os interesses do movimento". Seus membros serão nomeados por Freud, mas não todos, nem sistematicamente, analisados por ele. Seu silêncio na correspondência torna difícil analisar sua não resposta à proposição de Ferenczi: surdez? recusa deliberada? recalque? Com o comitê, ele certamente ganha uma liberdade na instituição de uma clivagem: "Darei livre curso à minha fantasia, e devo abandonar-lhes o papel do Censor." Quando chegar a hora, ele não vai deixar de usar essa liberdade para se opor a esses censores que ele, no entanto, instituiu.

18 Sigmund Freud; Ernest Jones, *Correspondance complète*, Paris, PUF, 1998. Cartas 80 a 83.

A homenagem prestada por Freud à escola de Zurique ao abandonar o modelo da auto-análise tem um sabor amargo quando se sabe que, pouco tempo depois, Jung vai denunciar, com insolência brutal, a auto-análise de Freud. Este deve superar a vergonha que lhe causa essa carta para contar a Rank, Sachs e Ferenczi este acontecimento penoso: "Minha construção do banquete totêmico dá suas provas na prática; por todos os lados, os irmãos me atacam e, é claro, na primeira fila, os "fundadores de religião"" (359 F). Ferenczi analisa finamente como essa rebelião contra a autoridade de Freud e os "corretivos analíticos" que ele traz às suas formulações é em Jung uma vontade de ser exceção na "comunidade analítica" dos alunos que ele no entanto preconizou. Para ele, Jung não suporta que os alunos, dentre os quais ele, sejam tratados como pacientes; assim fazendo, desmente o que pediu e induz uma "comunidade fraterna cristã" coerente com a posição de "salvador" que ele mantém nas curas (362 Fer).

A relação mestre-aluno inscreve uma desigualdade na relação com o conhecimento. Ao sustentar, em suas conferências, uma intricação entre a posição de aluno e a posição de paciente, Freud substitui a essa desigualdade a dissimetria em ação na transferência. Ele previne os ouvintes das dificuldades, atinentes à psicanálise, que necessariamente mancham seu ensino: "Logo, não me queiram mal se começo por tratá-los da mesma maneira que esses doentes neuróticos[19]." Dobrar-se à disciplina da análise até nos locais de trabalho faz parte das consequências dessa intricação. Freud tentou sustentá-la nas reuniões de quarta-feira. Assim, até 1908, cada um dos presentes era obrigado a tomar a palavra. Em 1912 ainda, Freud lembra no início da reunião que "devíamos falar sem nenhuma reserva nem pudor dos assuntos em estudo, por mais chocantes que fossem sob múltiplos aspectos[20]". É ao se dobrar à regra da análise que o analista se forma, tanto em sua cura quanto em sua relação com a teoria e com sua prática e, portanto, na comunidade de trabalho que só será analítica nessa condição. Freud cuida disso, cuida com a autoridade que lhe dá o ato inaugural do *psicanalisar*. Mas como manter essa orientação no tempo em que a extensão dos conhecimentos

---

19 S. Freud, *Conférences d'introduction à la psychanalyse*, Paris, Gallimard, 1999, p. 20.

20 L. Andreas-Salomé, *Ma vie*, Paris, PUF, 1977, p. 168. *Les Premiers Psychanalystes, Minutes de la Société psychanalytique de Vienne*, I, Paris, Gallimard, 1976, p. 32.

e o número crescente dos praticantes multiplicam as "necessidades em formação"? A modalidade, escolhida por Freud em 1910 com a Associação Internacional e reiterada em 1912 com o Comitê Secreto, para organizar uma transmissão vigilante num movimento centrado e refinado, convém às obrigações específicas dessa transmissão?

Que imaginário e que teoria outros do coletivo teria sido preciso para aceitar a intuição de Ferenczi de basear na análise levada a fundo dos analistas a extensão e a transmissão da análise? Teria sido preciso a noção de uma distinção radical entre o poder do domínio e a autoridade que está em jogo na dissimetria do laço analítico para contribuir para fundar uma comunidade analítica que não vire a "comunidade fraterna cristã" de Jung. O modelo que prevalecerá terá a evidência e a força dessas massas organizadas cuja teoria, em 1912, Freud ainda não fez; Freud deixará aos companheiros de luta a iniciativa de organizar conforme esse modelo a formação dos analistas, reservando-se a liberdade de não aplicar o modelo, talvez até de se opor a ele. Nos anos que precedem essa operação, como, aliás, posteriormente, a escrita, as revistas, permanecem sua preocupação maior e constante para apoiar "a criança de todas [suas] preocupações". Elas são, para ele e para seus alunos, uma via importante na formação.

Budapeste

O-filho-de-todas-as-minhas-preocupações", é assim que Freud nomeia a psicanálise numa carta a Ferenczi no final do Congresso de Budapeste, contando sua satisfação por ver protegida a obra de sua vida (759 F). Com efeito, é nessa cidade que então se desenha a organização que, em Berlim, vai se constituir em modelo oficial para a formação dos analistas. Os anos 1918-1920 são, sobre esse ponto, decisivos, dando a dimensão do impacto que tiveram sobre o destino da psicanálise a Primeira Guerra Mundial e as crises políticas que a ela se seguiram.

Com a experiência das privações, os entraves aos encontros e à correspondência, a mobilização dos analistas no exército e a suspensão das atividades dos grupos locais, os anos de guerra foram anos de provas para o movimento psicanalítico e para a maioria dos analisas europeus do continente. Em julho de 1915, Freud se pergunta quando poderão se encontrar os membros esparsos da "comunidade apolítica" *(unpolitischen Gemeinschaft)* e se a política não os terá nesse meio tempo corrompido[21]; desde o início da guerra, ele diz a Jones que "ficou decidido entre [eles] não [o] considerar um inimigo" (carta 205). No isolamento da guerra, nesse tempo em que "é preciso fazer um esforço violento de memória para se lembrar que ainda existem alguns homens que valem a pena que se escreva por eles[22]", Freud apóia a tarefa de elaboração e transmissão da psicanálise. Mantém a publicação de *Imago* e da *Zeitschrift*, dá conferências durante os invernos de 1916 e 1917, trabalha no projeto de "ensaios preliminares à metapsicologia". Se as conferências dão o arcabouço assegurado das convicções que vinte e cinco anos de experiência confirmaram, o título imaginado para a metapsicologia indica a dimensão de exploração desses ensaios; sete deles terão por destino a "supressão e [o] silêncio". Com, em 1915, as "Considerações atuais sobre a guerra e a morte", esses dois empreendimentos dão resposta à brutalidade e à mentira que a guerra promove, à confusão com a qual ela atingiu as inteligências mais claras e, suprema desilusão, ao recrutamento da ciência que ela operou. No entanto, essa guerra é que vai produzir, de maneira inesperada, um reconhecimento oficial da psicanálise, com os efeitos paradoxais desse reconhecimento do ponto de vista dos avanços teóricos de Freud nesses mesmos anos.

Apesar de alguns adiamentos, muitos médicos que, em Berlim, Londres e Budapeste, cuidavam das neuroses de guerra tiveram que admitir alguns dos fatores que a psicanálise havia reconhecido para os neuróticos do tempo de paz, traumáticos ou não; o sucesso obtido no tratamento pelo método catártico incentivava um início de aproximação com a psicanálise. Mas essa aproximação devia se chocar com uma dificuldade doutrinal da psicanálise que ia ser reforçada pela resistência clássica à etiologia sexual. Uma "posição imparcial e um pouco de boa vontade" bastariam para enfrentar essa dificuldade[23]? O caso de Ernst Simmel é, desse ponto de vista,

[21] Carta a Lou Andréas-Salomé, *op. cit.*, p. 43.

[22] Carta a Abraham, *op. cit.*, p. 251.

[23] S. Freud, Introduction à "Sur la psychanalyse des névroses de guerre", 1919 em *Œuvres complètes* [OC] XV, Paris, PUF, 1996, p. 221.

interessante. A honestidade de sua defesa da psicanálise com certeza não basta para suspender suas fortes resistências, notadas por Abraham, para com o fator sexual, o "pano vermelho" do fator sexual[24]. Mas Freud está confiante: "Acho que um ano de formação faria dele um bom analista. Ele tem um comportamento correto[25]." Simmel inicia uma análise com Abraham, dois anos mais tarde será co-fundador com Max Eitingon do Instituto de Berlim. Importa notar que Freud sabe ouvir como a resistência de Simmel encontra um ponto de não-saber na teoria. Com efeito, a aplicação da teoria da libido a outras neuroses que as neuroses de transferência permanece difícil; já tornou necessário o recurso ao conceito de libido narcísica; requer explorar ainda as relações entre a angústia, o pavor e a libido narcísica. A questão específica da neurose de guerra conduz Freud à noção de um "inimigo interno" e de uma "neurose traumática elementar". O que se abre aí e que é requerido por esse ponto de não-saber nada menos é que o remanejamento teórico de *Para além do princípio de prazer*.

Logo, o rigor de Freud quanto às questões de teoria, seu rigor em ouvir os obstáculos da doutrina, não fica prejudicado por sua preocupação, igualmente real, de reconhecimento e extensão da psicanálise. Realizado no final de setembro de 1918, na presença de representantes oficiais dos governos alemão, austríaco e húngaro, o Congresso de Budapeste constitui o momento público desse reconhecimento, deixando a esperança de um comprometimento dos serviços de saúde em favor da psicanálise. Abraham, Ferenczi, Simmel fazem ali uma comunicação sobre a psicanálise das neuroses de guerra[26]. Esse congresso é também a oportunidade de uma volta, no discurso de Freud, de acentos sociais que vão ter um impacto determinante na futura organização da formação, muito mais determinante que o remanejamento teórico no qual ele pouco depois se aventura ao colocar em trabalho o tema da morte, o masoquismo, o trauma e "o inimigo interno", o conflito do Eu [*Moi*]. Em 1910, no primeiro congresso da IPV, Freud já se deixou levar por palavras utopistas, que logo ponderou, acrescentando que a visada

---

24 S. Freud, Lettre à Lou Andreas-Salomé, *op. cit.*, p. 108.

25 S. Freud, Lettre à Abraham, *op. cit.*, p. 275.

26 *Internationale Zeitschrift für Psychoanalyse*, IPV, Viena, 1920, p. 52-57. *Zur Psychoanalyse der Kriegsneurosen*, IPV, Leipzig e Viena, 1919.

de uma "profilaxia ideal das doenças neuróticas" deve evitar adotar "uma atitude de higienistas ou terapeutas fanáticos". Entretanto, sustentou que a prática da psicanálise não é somente terapêutica, nem somente científica, que ela contribui para "dar à massa essas luzes *(Aufklärung)*". Essas luzes, e a influência social que disso se pode esperar, supõem resolver o enigma da neurose ao interpelá-lo por seu "nome secreto". Ela será "o efeito geral" da resolução da neurose sobre o social[27]. O acento social de 1918 é diferente, ainda que Freud também o situe num futuro um pouco utópico; a hipótese desta vez é terapêutica e numérica. O crescimento do número dos analistas tornado possível por uma "organização qualquer" permitiria tratar "maiores massas humanas[28]". Se, por outro lado, a consciência moral da sociedade e os Estados acabassem reconhecendo o direito dos pobres à ajuda psíquica, estariam reunidas as condições para edificar institutos de consulta que permitiriam tratar um grande número de doentes. A gratuidade dos tratamentos, o recurso à influência hipnótica fazem parte desse material menos nobre que Freud não repugna misturar com "o ouro puro" da análise, ainda que seja a parte da análise rigorosa que permanecerá eficiente.

Essa declaração de Freud em Budapeste será uma referência importante para a organização da formação concebida em Berlim por Eitingon, Simmel e Abraham. Mas antes de delimitar a lógica dessa organização, que precipita elementos até então não separados do conjunto do campo da psicanálise, é importante demorar-se no curto período em que Budapeste se tornou a "pátria da psicanálise" (774 Fer) e que viu o esboço de um primeiro instituto.

Quando o artigo de Freud "Deve-se ensinar a psicanálise na universidade?" é publicado em húngaro em Budapeste, no fim de março de 1919, a efêmera República dos Conselhos, inspirada na revolução bolchevique, está proclamada há oito dias, Ferenczi será pouco depois nomeado professor "para a psicanálise" e diretor de uma clínica psicanalítica[29]. A política, "um pouco aventurosa" segundo este último, do Dr. Radó e provavelmente o

---

27 S. Freud, "Perspectives d'avenir de la thérapeutique analytique" em *La Technique psychanalytique*, *op. cit.*, p. 31-34.

28 S. Freud, "Voies de la thérapie psychanalytique", OC XV, *op. cit.*, p. 107.

29 S. Freud, "Faut-il enseigner la psychanalyse à l'université?", OC XV, *op. cit.*

apoio de György Lukács, então comissário para a Educação, dão assim satisfação a duas petições de estudantes de medicina que haviam reivindicado esse ensino universitário da psicanálise e desencadeado uma forte oposição de numerosos universitários (767 Fer e 814 Fer). Manifestando nesse texto de circunstância a reserva que ele, a sós, recomenda a Ferenczi, Freud define em algumas linhas o ponto de vista da análise: o fato de a psicanálise estar excluída da universidade produziu uma organização em que o analista pode, sem inconveniente, ficar sem a universidade. As publicações, as reuniões de associação, os contatos pessoais com analistas mais antigos e experientes, a própria cura, o tratamento de casos sob a direção de um analista reconhecido bastam "de maneira perfeitamente satisfatória" para lhe dar as indicações teóricas e a experiência prática da análise.

Aí encontramos a orientação das palavras endereçadas por Freud a seus ouvintes nas conferências realizadas em 1916 "diante de uma assistência em que se misturavam médicos e leigos e os dois sexos": a psicanálise só é conhecida por "ouvir-dizer", de segunda mão; só estamos seguros da verdade do que é dito pela experiência da análise sobre nós mesmos (*am eigenen Leib*) e pelo estudo da personalidade própria; nessa oportunidade, entendemos, espiando o outro, a técnica mais sutil do procedimento[30]. Por essa maneira singular e específica de aprender a psicanálise e sua prática, que não resulta de nenhuma monstração nem de uma demonstração, o termo "formação" *(Ausbildung)* não vem sob a pluma de Freud. Vem a ele, por outro lado, para o médico e o cientista.

O fato de a universidade reconhecer a importância da psicanálise para a formação dos médicos é outra questão, à qual se liga o artigo propriamente dito. Para Freud, é a oportunidade de lembrar que o ensino da psicanálise deixa apenas uma margem estreita à apresentação e à experimentação e de atribuir ao método psicanalítico uma ambição no campo do saber[31]. Por ser aplicável não só ao funcionamento psíquico patológico mas também aos problemas colocados pela arte, a filosofia e a religião, a "fecundação" desses ramos da ciência que são a história da literatura, a mitologia, a história das

---

30 S. Freud, *Conférences d'introduction à la psychanalyse*, *op. cit.*, p. 13 e 25.

31 A frase acrescentada por Ferenczi "por razões táticas" (803 Fer) muda a direção do artigo: ele pede que se acrescente um serviço psiquiátrico para uma "prática psicanalítica da psiquiatria".

civilizações e da religião, "criaria um laço mais estreito, no sentido da *universitas literarum*, entre a medicina e os ensinos agrupados na filosofia[32]". A ambição dessas palavras, que pode parecer arcaizante por sua referência ao *corpus* das ciências e das artes ensinadas na universidade medieval, é nada menos que reatar de outro modo esses saberes que a modernidade científica e universitária desatou.

Entre a declaração de setembro de 1918 e esse artigo da primavera de 1919, Freud foi testemunha da maneira como as vicissitudes da política húngara afetaram o destino da psicanálise naquele país. A distância entre suas palavras se esclarece; o acento social do congresso dá lugar a uma posição de retraimento: "Não somos feitos para nenhuma espécie de existência oficial, precisamos de nossa independência em relação a tudo [...] que Deus nos proteja de nossos amigos" (808 F). No entanto, é em Budapeste que vai nascer, e se desfazer, o primeiro objeto de um centro de tratamento e formação. Esse projeto está ligado ao nome de Anton von Freund.

O percurso desse doutor em filosofia e rico cervejeiro de Budapeste, paciente e amigo de Freud por ele nomeado para o Comitê Secreto, traz um contraponto significativo ao sistema de formação que vai ser instalado em Berlim. Não é sem prudência que Freud, prevenido do caráter neurótico da obrigação de ajudar e de dar de Von Freund, aceita, em 1918, a dotação de um fundo, confiado ao prefeito de Budapeste e posto em parte à sua disposição no interesse geral da psicanálise. As escolhas de Freud são claras: "Em primeiro plano, projetos [...] há o *Verlag* (edição) e a criação de dois prêmios, considero todos os outros projetos menos importantes." A cobertura financeira da editora permanecerá sua preocupação maior no tempo das negociações do fundo principal da dotação. Mas a breve passagem de Von Freund na história do movimento analítico não é só questão de mecenato. Ele consulta Freud, que já analisou sua mulher, num momento de psicose pós-operatória. Tão logo a ideia delirante se retira, abandonando o lugar à neurose histérica, inicia-se "uma análise em boa e devida forma" que, notará Freud um pouco mais tarde, "como ela tem por objetivo o remanejamento de um ser humano [...], pode prosseguir para além do desaparecimento

---

[32] S. Freud, art. cit., p. 113.

dos sintomas". O que requer desmantelar "alguns pedaços de sua selvageria primitiva" e dá oportunidade a Freud de marcar a distância entre a clínica psicanalítica e a psiquiatria oficial[33]. É no decurso dessa análise, que o deixa, segundo Freud, "curado de sua incursão na psicose e sob a forma de um neurótico analisado pela metade", que se decide em Von Freund o desejo não mais de ajudar a psicanálise por seus dons mas de praticá-la; o que ele faz ao voltar a Budapeste, maravilhado com as descobertas que faz diariamente com uma histérica. Meses mais tarde, no outono de 1919, na iminência de morrer, decide atribuir a parte principal do fundo a um instituto de tratamento e formação. Sua morte desfaz o projeto no tempo de sua conclusão[34].

As correspondências de Freud com Ferenczi, Abraham e Jones, a carta-circular de Freud ao Comitê Secreto em novembro de 1918 e a carta de Ferenczi a Eitingon para sua admissão no Comitê[35], tornam manifesto que os dois projetos de instituto em Budapeste e em Berlim não são iniciativa nem do Comitê Secreto nem de Freud, mas iniciativas singulares. Se o "Centro de formação científica contínua em análise" de Budapeste tivesse nascido, teria tido por organizador A. von Freund, leigo que chegou à prática da análise em consequência de uma análise iniciada num momento psicótico, e por diretor científico Ferenczi, homem prevenido da patologia tanto familiar quanto narcísica das associações[36]. Pode-se supor que teria tido consequência.

---

33 *Correspondance S. Freud; S. Ferenczi, op. cit.*, cartas 733 F, 735 F, 753 F, 780 F, 787 F, 801 Fer, 815 Fer.

34 S. Freud, Notice nécrologique "Dr Anton von Freund", oc XV, p. 345. *Correspondance S. Freud; S. Ferenczi, op. cit.*, cartas 826 Fer,827 F.

35 G. Wittenberger, Ch. Tögel, *Die Rundbriefe des "Geheimen Komitees"*, Band 1, 1913-1920, Tübingen, Ed. Diskord, 1999, p. 43-46.

36 Uma parte importante da alocução de Ferenczi no Congresso de Nuremberg em 1910 explicita essa patologia no momento mesmo em que ele propõe a constituição da Associação Internacional. S. Ferenczi, *Psychanalyse I, Œuvres complètes* [oc], Paris, Payot, 1968, p. 166-167.

2

O MODELO BERLINENSE

A UTOPIA DE UMA TERAPÊUTICA DE MASSA

Em agosto de 1919, com o início do terror branco, começa na Hungria a perseguição anti-semita; no outono, o estado de A. von Freund não deixa esperanças; em 18 de dezembro de 1919, Freud escreve a Ferenczi que eles devem renunciar, e por muito tempo, a iniciar em Budapeste o projeto de um instituto de formação e de um centro de tratamento, salvar o que pode ser salvo rejeitando toda colaboração com qualquer autoridade. A virada política, que ele julga traumática, conduz Ferenczi, em fevereiro de 1920, à beira do exílio e provoca a partida para Berlim de Melanie Klein, Sándor Radó, Franz Alexandrer, Alice e Michael Balint; Berlim, onde se realiza, em 14 de fevereiro de 1920, o projeto de policlínica e instituto, amadurecido no outono por Eitingon e Simmel com o acordo de Abraham; Berlim, que se torna assim, após Viena e Budapeste, o centro ativo onde a psicanálise encontra um novo quadro para sua extensão.

É em Berlim que se institui o modelo da formação psicanalítica; o relatório de 1930 sobre os "dez anos do Instituto Psicanalítico de Berlim" deixa ouvir os acentos de um entusiasmo pioneiro[37]. É um entusiasmo

[37] *Zehn Jahre Berliner psychoanalytisches Institut*, Viena, 1930. Tradução francesa «Rapport original sur les dix ans de l'Institut de Berlin» em *On forme des psychanalystes*, Paris, Denoël, 1985. Apresentação de Fanny Colonomos.

que não recua diante do apelo ao sacrifício financeiro; a auto-imposição dos membros da Sociedade Alemã de Psicanálise e a sub-remuneração dos analistas equilibram simbolicamente a colocação de fundos de Eitingon e lastram a aventura com essa parte de gozo que aí é assim concedida. É um entusiasmo terapeuta (e social), legislador (e controlador), professoral (e sistemático). O número e a extensão são suas palavras mestras; os relatórios e alocuções de Eitingon de 1922, 1925, 1928 não são nestes pontos desmentidos pelos relatórios reunidos em 1930[38]. Eitingon conta como as longas conversas com seu "colega de trabalho", o médico socialista Simmel, lhes deu coragem para "responder a grandes necessidades com tão poucos meios". Responder pela psicanálise ao "espírito do tempo" que reclama "aos gritos a psicoterapia" permite que eles façam de um "momento de desabamento geral", um "momento oportuno", um tempo favorável à psicanálise. Por causa da guerra, do engajamento dos psicanalistas no serviço armado e da aptidão que tinham de tratar as neuroses de guerra, a psicanálise havia adquirido a autoridade que Freud ressaltava, em 1910, como fator necessário a seu desenvolvimento. Mas "permitir o acesso à análise do maior número possível de pessoas", assim tomar ao pé da letra o voto utópico formulado por Freud em Budapeste em 1918, querer responder à multiplicação do desamparo neurótico, são outros tantos objetivos que conduzem a prática da psicanálise a encontrar uma intricação inédita dos problemas de número e de tempo. Como responder às centenas de demandas (1955 consultas são registradas entre o momento da fundação da policlínica e 1º de janeiro de 1930) com um número pequeno de analistas?

Para superar essa dificuldade, pensou-se em modificar a técnica sob o ângulo temporal: a redução da duração da análise permitiria aumentar o número de pacientes tratados. Mas a intenção primeira de reduzir sistematicamente a duração das sessões não foi realizada. Eitingon alegou dois motivos para afastar essa solução: uma sessão de apenas meia hora exige de um paciente neurótico uma enorme disciplina, o tempo da sessão, que ele qualifica de "tempo real", deve ser longo, "contínuo e sem descanso", para

[38] M. Eitingon, Rapport sur la policlinique de Berlin mars 1920 – juin 1922, em *Topique*, nº 18, Paris, 1977. Allocution au Congrès de Bad Hombourg, 1925, em *Malaise dans la psychanalyse*, Paris, Arcanes, 1995.

"lutar contra a intemporalidade do inconsciente[39]". Por outro lado, esses motivos não trabalham por uma outra redução do tempo que será, com efeito, praticada com "a análise fracionada", ou seja, a interrupção da análise pelo analista quando este julgar o paciente eficiente e apto a viver.

Em segundo plano desse debate perfilam-se as questões de uma padronização da duração das sessões bem como a questão, recorrente, da duração da análise. Freud sempre sublinhou como não recuou diante de uma modificação da técnica e como essas modificações por vezes permitiram o reconhecimento de fatos decisivos para a psicanálise. Foi o caso para o abandono da hipnose e a adoção da regra fundamental, para a escolha deixada ao paciente de escolher o assunto de que ele fala ao invés de centrá-lo sistematicamente no sintoma. Também aconteceu de o reconhecimento de um fato acarretar uma modificação da técnica, assim, o reconhecimento da transferência submete às exigências de seu manejo a interpretação dos sonhos. Um novo saber, uma maior complexidade do trabalho e, apesar do voto dos analistas e dos pacientes de encurtar as curas, uma demora crescente do processo se manifestaram por ocasião de cada uma dessas modificações.

As regras técnicas que Freud transmite a seus próximos e aos iniciantes lhe foram ensinadas "às [suas] próprias custas" por uma longa prática[40]. Se essa técnica é "a única que [lhe] convém pessoalmente", ele não contesta que outro médico "com um temperamento bem diferente do [seu]" poderia adotar uma atitude diferente. Em 1924, no momento da crise com Rank, ele vai considerar que um achado teórico possa modificar a técnica. Aí ainda, para retomar a metáfora do núcleo e da margem, a consideração, na prática, do inconsciente, da *libido* e da transferência deve ser determinante. Suas palavras utópicas de Budapeste deviam ter deslocado um pouco a questão; concluindo suas observações sobre a necessidade de explorar conforme regras precisas a técnica "ativa" preconizada por Ferenczi, não lhe repugnava imaginar ali uma aliança do "ouro puro" da psicanálise com outros metais para chegar a uma terapia de massa. Para o tratamento das neuroses de guerra, que foi a oportunidade dessa tentação social, certos discípulos tinham, ali-

39 M. Eitingon, Rapport de 1922, *op. cit.*, p. 69.

40 S. Freud, "Conseils au médecin pour le traitement psychanalytique", em *Technique psychanalytique*, *op. cit.*, p. 61.

ás, procedido a essa aliança ao reintroduzirem a prática da hipnose. É essa visada terapêutica que, em 1922, é critério no relatório de Eitingon para operar a partilha entre as modificações técnicas encaradas; mas essa visada terapêutica acaba curiosamente virando "luta" contra a intemporalidade do inconsciente. Logo, é preciso se interrogar sobre a coerência entre essa luta contra o inconsciente e o afastamento de uma visada de saber ("nosso objetivo não é a pesquisa"): estará a verdade de um padrão nascente sendo aqui enunciada?

A segunda maneira de resolver a questão do número consiste em triar as demandas e colocar a indicação de uma análise; para 1995 consultas, 721 análises serão começadas. O relatório de Otto Fenichel sobre a atividade terapêutica na policlínica revela como a complexidade dessa tarefa era aumentada pela contradição entre a finalidade terapêutica, com sua preocupação de cura, e a dupla finalidade de ensino e pesquisa do Instituto[41]. Os alunos acabavam a formação como terapeutas estagiários na policlínica. A lógica professoral conduzia a lhes confiar formas de neurose tão clássicas quanto possível, mas a preocupação de pesquisa podia levar a privilegiar casos pouco clássicos. A tentativa de classificação diagnóstica (com 30 entradas) e o quadro dos graus de cura lançam, em sua aridez numérica, uma luz interessante sobre essa contradição e seus efeitos na clínica. Enquanto a classificação do relatório de Fenichel sublinha, em seu distanciamento em relação à nosografia freudiana, a prevalência dada aos sintomas, os critérios de cura deixam ver a distância entre a perspectiva analítica e a visada terapêutica. Com efeito, Fenichel distingue uma melhora, a ser colocada na conta de um "êxito de transferência", analiticamente imperfeita, de uma cura [*guérison*] analítica que implicaria não só a redução dos sintomas, mas uma "mudança de caráter compreensível pela racionalidade analítica". Essa distinção de certa maneira contesta a perspectiva psicoterapêutica que promove "a análise fracionada" interrompida pelo analista sobre uma melhora que não é uma cura [*guérison*] no sentido analítico.

Enfim, a terceira via utilizada para resolver o problema do número de demandas consiste, é claro, num aumento do número dos psicanalistas.

---

[41] O. Fenichel, Rapport statistique sur l'activité thérapeutique entre 1920-1930, em "Rapport original sur les dix ans...", *op. cit.*, p. 57-71.

Previsível, de imediato, esse modo de resposta está no princípio da fundação do *Berliner Psychoanalytisches Institut*; deve permitir um aumento contínuo do pessoal da policlínica e trazer uma solução urgente à questão, ardente segundo Eitingon, da "reprodução da espécie analítica". Trata-se, então, de formar psicanalistas por uma arrumação metódica de cursos e uma formação sistemática que dê aos candidatos a possibilidade de "aprender a psicanálise". A ordem de necessidade que impõe formar analistas em grande escala é, portanto, terapêutica; é essa ordem de necessidade que vai dar à formação instalada um de seus traços específicos: Eitingon evidentemente concorda que é uma organização "*à la* prussiana". Essa regulamentação tende a definir uma profissão pela formação que a ela dá acesso mais que pelo objeto de sua prática.

A REGULAMENTAÇÃO

Desde a primavera de 1923, uma comissão está encarregada em Berlim de elaborar diretivas para a formação a fim de estabelecer um acordo quanto aos critérios de admissão e o currículo. Em 1925, Jones sugere a Eitingon que institua na IPV uma Comissão Internacional de Ensino; ele está determinado a aplicar à instituição analítica o princípio que decidiu a vitória da Entente contra as potências aliadas em torno da Alemanha: a unidade do comando[42]. Eitingon, que substituiu Von Freund no Comitê Secreto, aceita com entusiasmo e, no mesmo ano, propõe no Congresso de Bad Hombourg regulamentar um ciclo de formação cuja simplicidade ele proclama: a análise didática é uma análise como qualquer outra ("uma única técnica: a boa"), a questão da formação teórica é "relativamente simples" (bem organizar os cursos e bem agrupar os candidatos), a análise de controle traz aos candidatos em formação a oficina de psicanálise e o mestre-artesão do qual o iniciante precisa[43]. Num primeiro tempo, em Berlim, uma pre-

42 Correspondance Freud-Jones, *op. cit.*, carta 236.

43 M. Eitingon, Allocution de 1925, em *Malaise dans la psychanalyse*, *op. cit.*

paração teórica "intensiva" precedia a análise didática do estudante, "parte essencial de seu *curriculum*", em seguida acontecia a prática sob controle na policlínica. Num segundo tempo, a análise didática torna-se a parte inicial da formação, precedendo o currículo teórico depois o currículo prático. É essa nova sucessão que é padronizada em 1925 e que será regulamentada sempre com mais minúcia.

Em novembro de 1952, liberado de seu dever de reserva por sua demissão da Comissão de Ensino do Instituto de São Francisco, Siegfried Bernfeld interpretará a febre de regulamentação que se apoderara dos berlinenses como o efeito da ambivalência destes ao tomarem conhecimento do câncer de Freud; pelo autoritarismo e a seleção coercitiva que eles exerciam "eles puniam os estudantes, com a própria ambivalência[44]". Repetindo essa conferência, publicada apenas em 1962, M. Safouan, por sua vez, interpretará o movimento de regulamentação como um *acting out* dos alunos e próximos de Freud e a preocupação que tinham de integrar a psicanálise à profissão médica como o álibi de uma delinquência fraterna[45]. As datas não confirmam a base factual da interpretação, a Comissão de Berlim já tendo estatuído quando a doença de Freud é conhecida; mas nem por isso questionam sua justeza, uma vez que o próprio Freud discutia regularmente a perspectiva de sua morte a respeito do futuro da psicanálise.

Bernfeld alega outra razão para essa febre de regulamentação. Segundo ele, certos "proscritos e sobreviventes da profissão médica" buscavam sem cessar estabelecer a psicanálise no interior da profissão. Ao fazerem isso, não estavam só buscando reconhecimento dos colegas médicos, estabeleciam uma defesa "xenófoba" em relação à "revolução cultural" que havia propagado o interesse pela psicanálise nos movimentos de juventude, nas seções de educação dos partidos socialistas, entre os educadores, os trabalhadores sociais, os artistas. A regulamentação, que tendia para o reconhecimento social da profissão e sua integração à "ordem médica[46]", também era, portanto, uma maneira de lutar contra a difusão epidêmica da psicanálise, um

44 S. Bernfeld, "Sur la formation psychanalytique", *Psychoanalytic Quarterly*, 1962, tradução em *Esquisses psychanalytiques*, nº 1, dezembro de 1983.

45 M. Safouan, *Jacques Lacan et la question de la formation des analystes*, Paris, Seuil, 1983, p. 13 segs.

46 J. Clavreul, *L'Ordre médical*, Paris, Seuil, 1978.

modo de difusão que fazia Freud sorrir (ele achava "saborosa" a anedota do foco endêmico de Charlottenburg), mas que também temia, menos por razões sociais que por razões científicas.

A seleção dos candidatos, para a qual é encarregada a Comissão de Ensino, será um lugar privilegiado da regulamentação. Objeto essencial das diretivas remanejadas em Berlim em 1929, ela diz respeito à aptidão pessoal, à formação prévia e ao comprometimento quanto à instalação. Segundo Karen Horney, foi preciso muita coragem para enunciar critérios de aptidão pessoal, pois era reconhecer os limites da eficiência da psicanálise: ela "não pode fazer de qualquer ser humano um analista ideal ou mesmo, simplesmente, mediamente eficiente[47]". São exigidos: a maturidade da personalidade, a fiabilidade do caráter, o dom psicológico, a ausência de perturbações neuróticas muito graves. É evidente que podemos nos perguntar se a comissão estava perdendo suas esperanças com a análise didática ou a psicanálise em geral e não nos surpreenderá que a maneira de reconhecer essas qualidades tenha provocado algumas questões.

É num segundo tempo que será precisado o que deve ser a formação prévia. Até 1923, os cursos de introdução à terapia e à prática, ministrados por Eitingon e Simmel, eram reservados aos médicos. Em 1922, das vinte e cinco pessoas que já fizeram uma análise didática parece evidente que só os dezenove médicos aplicarão a análise à psicoterapia, os outros a aplicarão a outro trabalho, pedagogia ou antropologia. Nessa condição, com efeito, não-médicos eram admitidos no currículo de formação completa que incluía os trabalhos práticos. Redigidas após a intervenção de Freud de 1926 e o debate de 1927 sobre a análise leiga, as "Diretivas" de 1929 especificarão as condições de formação dos não-médicos na prática psicanalítica. À formação universitária prévia, excepcionalmente substituível por uma prática profissional de valor ou por trabalhos científicos, deve se acrescentar uma "capacidade científica", não exigida dos médicos, e uma formação complementar em universidade nos âmbitos da biologia, da sexologia, da psicologia, da patologia e da psiquiatria, enfim, a experiência do contato médico-doente.

---

[47] K. Horney, De l'organisation, em "Rapport original sur les dix ans...", *op. cit.*, p. 125-134.

Condições específicas afetam igualmente o comprometimento prévio exigido do candidato não-médico antes de ele começar a formação. Cada candidato, médico ou não, "se compromete em não se entregar a uma prática por livre iniciativa e em não se declarar psicanalista antes do fim da formação completa e sem autorização da Comissão de Ensino". Além disso, os candidatos não-médicos se comprometem em respeitar as restrições fixadas pela Sociedade Alemã de Psicanálise que reservam ao médico o diagnóstico e a indicação bem como o tratamento das psicoses e dos casos-limites. Uma vez preenchidas essas condições de acesso à formação, a análise didática, o currículo teórico e o currículo prático são os mesmos para os médicos e os não-médicos.

Num tal quadro, a questão, uma das mais sérias, consistindo em saber quem pode se autorizar a manter a posição do analista não podia ser formulada. A ela era substituída uma resposta baseada em critérios de normalidade e de formação prévia bem afastada do que estava em jogo na questão e entregue ao encargo da instituição[48]. Uma observação de Lou Andreas-Salomé pode nos esclarecer sobre a lógica da resposta. Solicitada por Eitingon para conduzir análises didáticas de médicos, ela bem rápido indica a Freud os impasses dessas injunções didáticas: "Essa análise lhe foi antes de mais nada imposta pelo Dr. Eitingon, ele não tinha lá muita vontade de se submeter, pois na maior parte do tempo se acha bem demais de saúde." Um ano mais tarde, ela lhe escreve que aquele dos três médicos que lhe parece dotado para a análise "não está em estado de levar a coisa muito mais longe[49]".

Para entender, para além dos casos singulares, o impasse dessas análises exigidas, para fins de formação, de médicos reputados normais, convém interrogar a clivagem instituída entre terapêutica e didática pela introdução da análise didática como "ramo independente da análise[50]". Essa clivagem vai ser ocultada pelo que Jones chama a "infeliz questão", ou seja, a questão das análises praticadas pelos não-médicos. Ora, talvez seja essa clivagem que

---

[48] Essa questão só virá a ser formulada por Lacan e a encontrar suas coordenadas no desfecho de uma cisão maior.

[49] *Correspondance Freud-L. Andreas-Salomé*, *op. cit.*, p. 147 e 163.

[50] H. Sachs, em "Rapport original sur les dix ans...", *op. cit.*, p. 136.

organize a dita infeliz questão. Ela é solidária de um desconhecimento tanto da especificidade da psicanálise em sua relação paradoxal com a terapêutica e com o saber quanto da especificidade da neurose em sua relação com o saber. Entretanto, Freud já havia abordado com as teorias sexuais infantis e seu estudo de Leonardo alguns destinos, dentre eles o destino neurótico, do desejo sexual de saber.

A CLIVAGEM TERAPÊUTICA-DIDÁTICA: UM MAL-ENTENDIDO

A parte publicada da correspondência entre Freud e Abraham dá a entender o que foi, se não o desacordo patente, pelo menos a tensão entre os dois homens sobre essas questões. Quando Abraham, no outono de 1907, decide abandonar sua atividade de médico de hospital psiquiátrico e ir morar em Berlim para lá exercer como especialista de doenças nervosas e psíquicas, ele conta com duas coisas: a utilização do método psicanalítico e sua formação psiquiátrica. Durante seus três anos em Burghölzli, ele leu os textos de Freud e voltou-se para o aspecto sexual do problema da demência precoce, "aquele que só um pequeno número quer abordar[51]". A seu pedido, Freud de bom grado o recomenda a médicos berlinenses, contanto que ele aceite sem vergonha ser designado como seu aluno e discípulo. Abraham consente e pede permissão a Freud para dirigir-se a ele para lhe pedir conselhos. Não comenta o primeiro conselho que Freud, fortalecido por sua experiência, lhe dá: "Espero que não tente de modo algum obter os favores de seus novos colegas [...] mas que se volte diretamente para o público[52]." Meses mais tarde, ele terá de insistir por três vezes para obter de Freud uma opinião, que aliás será prudente, sobre seu projeto de dar em intenção dos médicos um curso sobre a teoria das neuroses e sobre o sonho. Apesar do conselho de Freud, Abraham continua a se dirigir aos colegas, a enfrentar a oposição deles, e, em 1908, ele informa a Freud que só médicos farão parte da Associação Psicanalítica de Berlim durante sua constituição. Freud

[51] *Correspondance S. Freud; K. Abraham, op. cit.*, p. 9. K. Abraham foi assistente de Eugen Bleuler, com C. G. Jung, na clínica do Burghölzli em Zurique de dezembro de 1904 a dezembro de 1907.

[52] *Ibid.*, p. 18.

às vezes zomba do deslumbramento de Abraham quando um psiquiatra oficial engole a psicanálise "toda crua". Mas quando as coisas ficam sérias, ele se faz mais firme: "Pois bem, sinto enorme prazer de saber que estão se mexendo tanto em Berlim, e que você comece também a se convencer de que é impossível reservar a psicanálise aos *médicos*. A coisa mais bela é a instalação de Sachs." A resposta de Abraham dá a dimensão do mal-entendido: "Minha posição no que se refere à participação de não-médicos no entanto não variou. As conferências projetadas por Sachs tratam bem de pontos não-médicos, e sempre estive de acordo para que essa parte de nossa ciência fosse difundida em círculos de não-médicos, para isso até contribuí com escritos pessoais[53]."

Essa carta de Abraham sublinha como a clivagem, que acaba de se instituir na formação psicanalítica recente, entre o terapêutico e o didático, está intricada com a questão da análise leiga. Hanns Sachs é encarregado da análise didática, tornada pela primeira vez obrigatória dois anos depois de o Congresso de Budapeste ter rechaçado a proposição de Nunberg de fazer disso uma condição exigível para se tornar psicanalista. O fato de Sachs, não-médico, ter sido chamado a Berlim como primeiro analista didata, nomeado como tal, conforta paradoxalmente a clivagem em vez de contestá-la, como se poderia crer. A análise didática enquanto distinta da análise terapêutica, iniciada para fins de formação por candidatos não neuróticos demais, pode ser confiada a um não-médico. Por ter conduzido um grande número de análises didáticas, Sachs, valendo-se de sua experiência, questionará essa clivagem desde 1927.

Com as restrições regulamentadas em 1929, o Instituto de Berlim admitirá, nos limites preconizados por Jones, a prática psicanalítica dos não-médicos, o que não farão os institutos americanos nem a Sociedade Holandesa, mas a evidência primeira que se extrai da carta de Abraham continuará a operar: a psicanálise é uma psicoterapia, a psicoterapia é assunto dos médicos, o objeto da formação, isto é, da didática, é lhes trazer o saber psicanalítico (análise, teoria e prática) que vai permitir que eles a exerçam. Essa evidência continuará a operar, para além até das fronteiras da instituição

---

53 *Ibid.*, p. 316-318.

psicanalítica, inclusive sob uma forma aparentemente "laicizada" em que o psicólogo clínico toma o lugar do médico. Importa menos espantar-se com isso que entender a que ponto esse modelo manifesta um mal-entendido do ponto de vista da invenção de Freud e um desconhecimento da especificidade da psicanálise. Esse mal-entendido, que talvez escape parcialmente ao próprio Freud, deve-se em parte não desprezível à maneira como Freud continua a incluir a psicanálise na prática médica, e a se dirigir, em seus artigos, indiferentemente ao médico ou ao analista. Marca, no entanto, a especificidade do método analítico em relação a qualquer outra abordagem terapêutica, pensa que esse método requer ir para além da terapêutica e reconhece como analista não-médicos sem exigir deles um complemento de formação médica.

Sua conferência no Colégio dos Médicos de Viena em 1904 permite abordar o que está em jogo nesse mal-entendido[54]. Freud ali procede a uma defesa do método psicoterápico, que não é uma invenção da psicanálise, mas a "forma mais antiga da terapêutica médica". O médico não pode ficar sem ele pois "o paciente, este, não quer de modo algum a ele renunciar"; é até ele quem dispõe como bem entende do fator psíquico, incontrolável pelo médico exceto se dispuser de uma psicoterapia científica. Sob certos aspectos, o saber psicanalítico pode trazer essa cientificidade ao médico por sua elaboração do fato psíquico. O projeto de ensinar (*didaskein*) ao médico esse saber em vista de um uso racional e controlado da psicoterapia encontra aí o fundamento de sua evidência.

Ao se dirigir como terapeuta a outros terapeutas, Freud então ressalta que a especificidade e os limites de seu método não se devem apenas à sua cientificidade. Ao escolher se preocupar com a origem, a força e a significação dos sintomas mórbidos, esse método procede "*per via di levare*", à maneira da escultura; tenta "extirpar algo", apesar da "resistência que faz com que o doente se agarre à doença e por aí lute contra seu restabelecimento". Citando Hamlet, "você nunca vai conseguir brincar comigo", Freud sublinha que de fato não é coisa fácil tocar o instrumento psíquico". Logo, o médico só pode usar essa técnica após tê-la por muito tempo estudado e praticado,

[54] S. Freud, "De la psychotérapie" em *La Technique psychanalytique*, *op. cit.*, p. 10.

pois descobrir o inconsciente se realiza penetrando no cerne do conflito psíquico, e isso, apesar da resistência contínua e da oposição do paciente. Por enfrentar essa resistência, que só o abandono da sugestão hipnótica permitiu reconhecer, o método analítico pode pretender agir bem fundo e transformar os doentes. Freud acaba então formulando uma especificidade do método ao qual, por "motivos puramente subjetivos", se viu na obrigação de se devotar. Ele sublinha a relação sutil entre pesquisa e terapêutica na psicanálise. "Se por um momento abandono o ponto de vista terapêutico, posso pôr a seu crédito que ele é, de todos os métodos, o mais interessante, o único capaz de nos informar sobre a origem das manifestações mórbidas e as relações existentes entre elas[55]." É ao preço de abandonar a visada terapêutica em proveito de um desejo de saber que a psicanálise, abrindo vistas novas sobre "o ser-doente psíquico", "poderia estar em condição de nos conduzir para além de si mesma e de nos mostrar o caminho para mais outras espécies de influências terapêuticas." Nesse texto publicado em 1905, poucos meses antes do fragmento de análise de Dora, Freud não nomeia o fator da transferência que será objeto da conclusão do caso pois, segundo ele, constitui a qualidade própria dessa análise, a justificação de sua publicação "em relação íntima com seu grande defeito[56]". No entanto, essa questão aflora na conferência aos médicos; ela determina, em parte, o movimento sutil pelo qual Freud considera que uma nova ação terapêutica, futura, supõe um para além da terapêutica.

O primeiro caso que Lou Andreas-Salomé submete a Freud dá lugar a uma troca de cartas interessante desse ponto de vista[57]. O saber psicanalítico lhe permite pensar que o sintoma de terrores noturnos apresentados pela menina está ligado à sua prática do onanismo. Mas como deixar a criança ter acesso a essa determinação? Freud lhe indica duas vias possíveis: a mais curta consiste em dizer à menina o que está em jogo "com uma inteira confiança de tê-lo bem adivinhado"; a mais longa, que também é a mais convincente, é esperar que graças ao apego intenso ao analista a jovem paciente conte ela mesma. Trata-se, então, de esperar e perseverar contando que a "bruxa

---

[55] *Ibid.*, p. 12.

[56] S. Freud, "Fragment d'une analyse d'hystérie" (Dora), em *Cinq Psychanalyses*, Paris, PUF, 1954, p. 88.

[57] L. Andreas-Salomé, *Correspondance avec Sigmund Freud*, *op. cit.*, p. 90, 98.

"paciência"" faça a maior parte do trabalho. Nesse meio tempo, Lou Salomé tomou uma via média: disse à menina ter os mesmos terrores que ela, relacionou-os a seu medo de ser olhada no sono e relacionou tudo com um mau hábito que a menina logo reconheceu como sendo igualmente o seu. O sintoma desapareceu, a masturbação continuou e a criança se fechou a toda nova questão. Ao se esquivar, o sintoma fechou a porta às suas costas. Freud, a quem ela conta isso, nota que o procedimento, embora tornasse impossível uma influência educadora, era "terapeuticamente bem jeitoso". Ele sublinha o que Lou Salomé notou: "Também acho apaixonante em sua experiência a intuição de que o sucesso significaria o fim da análise e também de um desenvolvimento mais avançado. Enquanto sofrer, o homem ainda pode cumprir algo."

Penetrar no cerne do conflito psíquico graças à transferência tem por efeito que a análise "se desenrola mais lentamente e se torna menos clara, mas [que] ela está mais segura contra súbitas e invencíveis resistências[58]". Dora ensinou Freud sobre essa dinâmica da transferência, ou seja, essa colocação em ação em que pode e deve novamente acontecer para o sujeito a relação com seus objetos e com o saber, e, portanto, sua relação com a verdade. Ela ensinou isso, às custas dos dois, sobre a necessidade de afinar, talvez até de modificar, a técnica nascente da análise. Assim, essa cura em que a análise dos sonhos foi central ensinou a Freud que "a interpretação dos sonhos não deve ser praticada ao longo do tratamento analítico como uma arte em si, mas que seu manejo permanece submetido às regras técnicas às quais deve obedecer todo o conjunto do tratamento[59]", ou seja, às regras que dizem respeito ao manejo do tempo e da transferência.

O essencial dos artigos técnicos de Freud nos anos entre 1910 e 1915 vai se prender a esses pontos, a entender não só o que deve saber o analista, mas o que deve ser sua posição em relação ao saber e aos objetos da *libido*. Nas páginas que ele dedica em 1915 às "observações sobre o amor de transferência", ele formula o combate exigido do analista para tratar a neurose de transferência, essa "fatia de vida real" embora intermediária entre a doença

[58] S. Freud, "Fragment d'une analyse d'hystérie", *op. cit.*, p. 89.

[59] S. Freud, *La Technique psychanalytique*, *op. cit.*, p. 47.

e a vida real. É um combate singular contra os adversários da psicanálise, contra os pacientes, e contra as forças que nele mesmo "tentam colocá-lo abaixo do nível da análise[60]". É um combate paradoxal do ponto de vista do *furor sanandi* pois exige que o analista se preste ao desenvolvimento de uma nova forma da neurose, e talvez de uma nova neurose, a neurose de transferência, que se comprometa, à maneira do químico, no manejo dessas matérias explosivas que são as moções psíquicas. Efeito da cura, ela é a via por onde opera a análise. É sob a condição de sustentar essa neurose que ele poderá operar, menos sob o modo do médico que sob o modo do cirurgião, menos com a *medicina* que com o *ferrum* e o *ignis*. Ao assim convocar o gesto do corte, Freud desperta a época não tão longínqua em que o gesto do cirurgião era considerado socialmente à parte da profissão médica. Onde e como se pode aprender esse gesto? Onde e como se forma essa posição tão paradoxal para com o desejo de curar?

O campo da didática

Poderíamos crer que a organização do campo da didática nesses anos berlinenses era uma tentativa para responder a essas questões, mas era antes uma maneira de elidi-las desconhecendo sua questão teórica e clínica. Três modalidades da didática parecem trazer ao terapeuta analista o saber e o *savoir-faire* exigido para sua ação terapêutica: sua própria análise, o ensino do saber teórico, a prática sob controle.

Ao comparar a análise didática, prévia ao currículo teórico e prático, a um noviciado, H. Sachs, primeiro didata titulado, retoma por sua conta a inversão operada por Freud em relação à análise leiga: aquele que é formado na psicanálise não é mais leigo, seja médico ou não[61]. Nessa experiência, o futuro analista aprende a reconhecer e a observar o que está escondido e secreto "aos olhos dos leigos", isto é, dos leigos da análise: o inconsciente, os componentes pulsionais, as fantasias, o não-reconhecimento produzido

---

[60] *Ibid.*, p. 129-130.

[61] H. Sachs, art. cit.

pelo recalque. Ela é "a única via um pouquinho segura que seja" para não se desviar desse saber ao qual os livros dão acesso mas ao qual todos repugnam: a sexualidade infantil, o complexo de Édipo, a ambivalência nas relações. Ela é uma operação de reconhecimento, de familiarização com esse inconsciente que deve ser explorado em outros para avaliar-lhe a influência. Esses argumentos em favor da análise didática estão mais perto dos conselhos que Freud podia dar nesse sentido em 1912. Mas é notável que a dimensão da transferência, e mais precisamente da neurose de transferência que faz a especificidade da experiência, é totalmente desconhecida na relação de Sachs. Ora, para Freud, não é mais "leigo" aquele que conhece a força da transferência e adquiriu a técnica de seu manejo.

É evidente que poderíamos imputar essa lacuna à brevidade de seu texto, mas ela deve antes ser relacionada à própria especificação de uma análise como didática. A instituição da análise didática parece reconhecer as características próprias do saber psicanalítico e da resistência a seu respeito. Mas ao colocá-la, pelo menos no princípio, como outra que a análise terapêutica, afastamos a possibilidade de o futuro analista ter a experiência da neurose de transferência que ele deverá suportar para um outro. Assim fazendo, denegamos essa dimensão, via obrigatória de toda análise, o que não deixará de ter consequências para a instituição.

No fim de seu relatório, Sachs levanta duas questões que ele não trata e que serão recorrentes nos debates ulteriores sobre a formação: a seleção dos candidatos e o fim da análise didática. Vimos como a escolha de candidatos não demasiado neuróticos é determinada pela clivagem entre terapêutica e didática. Quanto ao fim da análise didática, Sachs nota com fineza que a marca habitual de fim de análise, o afastamento durável dos sintomas, só pode estar faltando ou ser insuficiente no caso de uma análise instituída como não terapêutica. Mesmo que não esteja em condição de analisar como a chamada análise didática se priva da possibilidade de pensar seu fim, Sachs, com sua observação, assinala um ponto de impasse. Paradoxalmente, no conjunto dos relatórios dedicados à formação, só o de Fernichel, que se refere à atividade terapêutica da policlínica, encara uma noção de cura [*guérison*] para além do "êxito de transferência" que é a redução dos sintomas. Ele desespera menos que K. Horney e os redatores das "Diretivas" da capacidade da análise de transformar o que então se chama o "caráter" e que Ferenczi identifica com a estrutura fantasmática inconsciente.

A segunda via da didática é o ensino, cuja responsabilidade é primeiramente confiada a Abraham. Não é novidade, as noites de trabalho das diferentes Sociedades podiam dar lugar a ensinos regulares, Freud publicara suas conferências dos invernos de guerra, Ferenczi dera aulas na universidade. O que vai caracterizar a iniciativa berlinense é a tentativa de sistematização desse ensino, ainda que Franz Alexander note que foi não sem um certo ceticismo, justificado pelas reservas de Freud a esse respeito[62]. Segundo ele, esse empreendimento de sistematização se explica por uma regra imanente a toda ciência. Em psicanálise também, a plasticidade variável dos conceitos e sua adaptação ao material bem rápido deu lugar a "uma coerência exata e transparente" em que os conceitos vivem "sua existência própria de Golem" e reclamam "seus próprios direitos". Logo, apesar das dúvidas, eles iniciaram uma construção dos "critérios sintéticos e coerentes" dessa psicologia científica, critérios que fossem aplicáveis à patologia e a outros campos, que fossem suscetíveis de impedir a violação da teoria a partir de pressupostos ideológicos, filosóficos ou morais, mas que, no entanto, deixam lugar ao desenvolvimento científico ulterior.

O relatório de Alexander nota claramente que o princípio de organização do currículo obrigatório está de acordo com a formação médica e visa ensinar "uma espécie de anatomia e de fisiologia do aparelho psíquico". A progressão toma a via que parte de uma psicologia psicanalítica da normalidade para abordar, após a teoria geral das neuroses, as neuroses particulares, os distúrbios do caráter, as perversões, a delinquência, a psicose e a técnica do tratamento. A esse programa se acrescentam seminários sobre os escritos de Freud (histórias de doentes, escritos metapsicológicos e técnicos) e cursos ligados às ciências humanas bem como à aplicação da psicanálise à arte e a literatura. Os princípios fundamentais desse ensino majoritariamente endereçado a candidatos de formação médica consiste em "desenvolver seu sentido da psicologia, que quase sempre falta", fazer com que conheçam os

[62] F. Alexander, Le *cursus* théorique, em "Rapport original...", *op. cit.*, p. 142.

escritos de Freud, transmitir-lhes os fundamentos estabelecidos tirados da experiência e do "sistema conceitual".

Após alguns anos hesitantes, esse programa de estudos obrigatórios tornou-se mais preciso para fixar-se entre 1927 e 1929, mas bem cedo a progressão indicada por Alexander estruturou os cursos de Abraham e Radó antes de Müller-Braunschweig introduzir, para seu ensino, o intitulado "sistema da psicanálise". Antes de 1927, os cursos obrigatórios e os seminários facultativos deixavam mais lugar ao pequeno pedaço de subjetividade de quem ensinava, àquilo que para cada um fazia seu ponto de ligação singular com a teoria. Eitingon e Simmel cuidavam da técnica, Simmel das neuroses de guerra, Bernfeld da pedagogia, Boehm das perversões, Sachs abordava regularmente a questão do sonho, das ciências humanas, mas também do chiste e do simbolismo. Só Fenichel deu um lugar à segunda tópica, e um único seminário foi dedicado em dez anos, por Sachs, à questão da transferência e da resistência.

Essa questão devia estar reservada às sessões de "trabalhos práticos" ou ao "seminário técnico", mas essa divisão, que pode parecer de bom senso do ponto de vista da divisão da formação, desconhece a dimensão teórica e clínica da transferência. Essa lacuna, coerente com a clivagem fundadora da formação, é ainda mais impressionante por ser contemporânea de uma formulação teórica decisiva de Freud. Foi ao analisar o traço comum à neurose traumática (dentre elas, as neuroses de guerra), ao jogo de uma criança, a compulsão de destino, e à repetição na transferência, que ele extraiu, em *Para além do princípio de prazer*, a compulsão de repetição e a pulsão de morte. Reconhecer como essa invenção teórica tem consequência na cura compromete decerto questões práticas, mas resultam elas apenas do aprendizado de uma técnica?

A terceira via da didática instituída em Berlim é a prática sob controle na policlínica. O estagiário ali encontra um "rico material de doentes" adaptado às suas necessidades pela direção, em condições de conforto e proteção contra o isolamento que caracteriza a prática. Pode adaptar aos casos dos doentes a iniciativa que ele experimentou em sua análise didática ao se apoiar no saber aprendido no currículo teórico. Essa convergência de interesses se realiza no relatório feito em curtos intervalos ao diretor: o iniciante ali encontra os conselhos de um analista experiente e o diretor pode exercer sua responsabilidade através de um controle vigilante[63]. Em seu relatório de 1922, Eitingon confia ao controlador, ele mesmo na época, a tarefa de detectar "a multidão de erros" cometidos por um analista inexperiente. Ele pode declarar "tenho o controle nas mãos" e sustentar seu direito de intervir na prática do estagiário: "Protegemos os pacientes que são confiados aos iniciantes pelo controle que exercemos sobre o tratamento e estando sempre dispostos a retirar o caso do estudante para continuarmos nós mesmos o tratamento." Aliás, esse tipo de intervenção não é reservado ao controle, a Comissão de Ensino também se dá o direito de interromper uma análise didática em caso de evolução desfavorável.

Essa instituição, "solidamente praticada sob a designação de "análise de controle", visando o estudo aprofundado de um caso, foi acompanhada, após alguns anos, pelo "seminário técnico", mais orientado pela preocupação de estender os conhecimentos por um grande número de casos. O conhecimento mútuo que os estagiários obtinham de seus casos nesse seminário completava o trabalho em compreensão da análise de controle sobre o que dizia respeito à indicação, à estrutura do caso e ao procedimento técnico. Por essa ajuda e essa vigilância indiretas, o sistema de formação instituído em Berlim entendia remediar uma deficiência específica da formação da análise que Freud havia sublinhado: só se pode conhecer a psicanálise por "ouvir-dizer", "de segunda mão", pois a troca de falas que especifica o tratamento não suporta nem ouvintes nem demonstração a uma testemunha[64]. A própria análise é a única via por onde o juízo que é formado não repousa unicamente na confiança colocada naquele que informa. É também aí que podem se entender as finezas da técnica; o analista iniciante não pode a elas ter acesso à maneira do aprendiz cirurgião que observa, participa progressivamente da operação, depois pratica sob o olhar do mestre.

Essa particularidade do acesso à análise havia conduzido Freud a transmitir as regras que ele mesmo havia aprendido e modificado em sua experiência. Numa série de artigos, em sua correspondência, em encontros, ele transmitia essas maneiras de dizer e de fazer, de determinar o momento

---

[63] S. Radó, Le *cursus* pratique, em "Rapport original...", *op. cit.*, p. 147 e segs.

[64] S. Freud, *Conférences d'introduction à la psychanalyse*, *op. cit.*, p. 23 e segs.

que convém para isso. A dimensão técnica não era separável das dimensões teórica e clínica, ela interrogava tanto a finalidade da análise, como mostra a carta a Lou Andreas-Salomé, quanto a posição do analista, em particular sua posição em relação àquilo que ele sabe, àquilo que ele deve saber, àquilo que ele não sabe.

Uma das primeiras trocas de carta com Abraham esclarece esse enodamento do saber e do não-saber. A respeito de um caso de neurose obsessiva, Abraham relata o que pôde tirar do recalque a partir de uma lembrança-tela, isso em duas sessões e sem resistências demais, e de sua dificuldade de avançar mais além. Ele pergunta a Freud se é possível dizer algo geral a respeito das compulsões e por que via ele pode chegar às camadas mais profundas. Freud lhe responde rapidamente no registro da generalidade a respeito das compulsões, depois lhe dá duas regras principais: "1. "Dar o tempo", como diz o lema de Salzburgo. As mudanças psíquicas nunca se cumprem rapidamente fora das revoluções (psicoses). Após duas horas, já insatisfeito. Como se fosse possível tudo saber! 2. O problema: como vou encontrar mais? não tem razão de ser. O paciente mostra o caminho: seguindo estritamente a regra analítica (dizer tudo o que lhe vem à mente), ele mostra a cada vez sua superfície psíquica[65]." Abraham responde dizendo sua vergonha de ter pedido ajuda em razão de seu desejo de obter "um triunfo analítico rápido", sua esperança de ganhar com a prática uma maior segurança, sua consolação em constatar que as coisas no início, com Dora precisamente, não se passaram melhor para Freud. Ouviu ele como as regras dadas por Freud dão mais lugar ao não-saber que ao domínio de um saber ou à segurança de uma técnica, ao tempo que é preciso para ouvir o que diz a doença mais que a uma ritualização de certos procedimentos?

Ao fim dessas três etapas do currículo didático, a Comissão de Ensino autoriza o candidato a exercer enquanto analista praticante. Este, tão logo dispõe de uma "certa quantidade de experiências próprias", pode se candidatar à Sociedade Alemã de Psicanálise. A distribuição cronológica da formação agora entende separados o paciente, o estudante, o analista iniciante. Essa maneira de agir rompe com a de Freud que podia estender a

---

65 *Correspondances S. Freud; K. Abraham, op. cit.* P. 23-30.

regra da análise às reuniões de trabalho e se desculpava por dever tratar os ouvintes como pacientes. Não se tratava aí de confusão dos lugares, mas de reconhecimento da relação particular com seu objeto que a psicanálise impõe. A clivagem, fundadora da formação, entre o terapêutico e o didático, com o risco que ela comporta de instrumentalizar o saber teórico e de ritualizar a técnica, é ainda mais impressionante já que os anos em que ela se fixa na regulamentação são aqueles em que Freud enfrenta a compulsão de repetição, a pulsão de morte, a reação terapêutica negativa. É igualmente notável que a organização e a regulamentação da formação sejam pensadas conforme a lógica do "Forma-se um psicanalista", embora Freud acabe de abordar a lógica da fantasia com seu artigo "Espanca-se uma criança". Deve-se, por isso, temer que a formação psicanalítica e a psicanálise sigam dois destinos separados e considerar que a instituição da formação psicanalítica participe da resistência dos psicanalistas às elaborações de Freud?

(cópia)

Trecho de *Internationale Zietschrift für Psychoanalyse*, VI. Jahrgang, 1920.

3

A INSTITUIÇÃO DA FORMAÇÃO, CRISES E DEBATES

A fantástica ideia de Freud

"Quero apenas estar seguro de que a terapia será impedida de derrubar a ciência". Esse grito de Freud no *Posfácio* a *A questão da análise leiga* se endereça àqueles que desconhecem que a linha de partilha na psicanálise não é entre a análise terapêutica e as aplicações não terapêuticas, mas entre a psicanálise científica e suas aplicações, terapêuticas ou não. Vale dizer que depois de Freud ter lido as contribuições ao debate sobre a análise leiga, seu grito se endereça à maioria daqueles que intervieram na discussão preparatória ao Congresso de Innsbruck e "finalmente lhe mostraram que [seu] pequeno texto não era supérfluo[66]". Escrito "para amigos" em junho de 1927 sem intenção de publicação, esse posfácio foi finalmente publicado no fechamento do dossiê; com o aval de Jones, Eitingon suprimiu três páginas que Freud lhe havia assinalado deixando-o livre para retirá-las caso as julgasse perigosas e próprias para servir de pretexto a uma cisão dos americanos[67].

---

[66] *Correspondance S. Freud-E. Jones, op. cit.*, p. 713.

[67] *Ibid.*, p. 718 e 720. Essas páginas agora estão disponíveis graças ao trabalho de I. Grubrich-Simitis, *Freud: retour aux manuscrits*, Paris, PUF, 1997, p. 220, e S. Freud, OC XVIII, Paris, PUF, 1994, p. 87-90.

Esse posfácio esclarece *a posteriori* o que para Freud estava em jogo no texto de 1926 para além das condições de lugar e de tempo que o determinaram. Também esclarece a escolha retórica do diálogo. Quando Freud escreve *A questão da análise leiga*, ele já tomou providências junto a responsáveis da Saúde Pública da cidade de Viena. Encontrou-se com Arnold During, redigiu para ele uma perícia sobre a prática da análise pelos não-médicos, pediu a Julius Tandler que revisse a decisão de proibir Theodor Reik de exercer a análise. Pouco depois, enviou um comunicado à redação da *Neue Freie Presse*. O tamanho e a ambição do texto em "mostrar o que é uma psicanálise, tudo o que ela exige do analista [...] as relações, que não são simples, entre psicanálise e medicina", ultrapassam as providências tomadas para sustentar "um analista formado em [sua] escola" no procedimento iniciado contra ele[68]. Considerar, em 1927, que "[seu] escrito não serviu para nada", que ele não conseguiu unificar a posição dos analistas, é reconhecer que o texto de 1926 se endereçava tanto aos analistas quanto aos poderes públicos. Em 1926, Freud conhece as tensões recorrentes quanto à admissão dos membros não-médicos e à seleção dos candidatos à formação; ele não pode ter esquecido que Abraham, o analista de Reik, se opusera à instalação deste último e que ele, Freud, a apoiara[69]. O interlocutor imparcial com quem ele inicia o diálogo pode, portanto, aparecer como uma condensação de duas pessoas, um cientista responsável pela saúde pública e um analista médico ligado à manutenção da inscrição da psicanálise na profissão médica. Freud lhe supõe a boa fé, a honestidade e a cultura necessárias para ouvir o inédito da psicanálise e admitir as consequências que devem ser tiradas quanto à formação e à qualificação do psicanalista.

Também se poderia considerar que esse personagem fosse uma figura da autocrítica, talvez até de uma hesitação de Freud para com essa questão; mas o *Posfácio* e a correspondência o mostram pouco dividido. A forma do diálogo manifesta antes a prudência, mas também a habilidade de Freud no

---

68 S. Freud, "Le Docteur Reik et la question du charlatanisme dans la cure", OC, XVIII, *op. cit.*, p. 96.

69 M. Schröter, "*Zur Frühgeschichte der Laienanalyse. Strukturen eines Kernkonflikts der Freud-Schule*", *Psyche*, nº 12, 1996, p. 1127-1175. Resumido por F. Samson, *Essaim*, nº 1, Ramonville Saint-Agne, Érès, 1998. Th Reik, *Variations psychanalytiques sur un thème de Gustav Mahler*, Paris, Denoël, 1972, p. 109.

movimento que o leva a tomar radicalmente partido em favor do exercício da psicanálise pelos não-médicos, sem formação médica complementar. Mas a teatralidade da encenação (expressão do rosto, apartes) excede a tradição do diálogo que vai de Platão a Rousseau passando por Fénelon, certas formas de transmissão da tradição judia ou os protocolos de visitas pastorais das diferentes Igrejas. Logo, é possível considerar que, nesse momento em que Freud assume o risco de uma crise que ameaça conduzir a uma nova dissidência, sua escolha retórica mostra uma fantasia de unificação do movimento baseada num reconhecimento da especificidade de uma nova profissão capaz de elaborar a "formação mais apropriada" para sua prática. Mas o princípio de divisão será mais forte que essa fantasia e Freud não deixa o diálogo acabar num acordo entre ele e o interlocutor. Na realidade, as autoridades civis serão menos surdas aos argumentos de Freud que os analistas, Reik não será condenado, mas a posição de Freud não será seguida pelos analistas.

Jones não se enganou quanto às intenções de Freud[70]. Sua primeira censura a *A questão da análise leiga* é que esse texto excede a argumentação concisa que teria bastado para as autoridades vienenses, e que ele se esquiva à discussão técnica com os interlocutores especificamente envolvidos, isto é, os analistas praticantes. Com habilidade, ele separa no texto de Freud a exposição "engenhosa" daquilo que é a psicanálise, as argumentações "antes fracas" sobre a análise leiga e a notável visão do futuro. Tanto na nota crítica quanto na contribuição para a discussão, ele procura opor-se aos argumentos, parciais e apressados segundo ele, de Freud. A perspectiva final de uma disciplina e de uma profissão independentes fundadas numa formação apropriada tem a ver, segundo ele, com a "música do futuro" (*Zukunftsmusik*); ele saúda esse desafio e essa ideia "própria a captar a imaginação", mas não se deixa captar e trabalha antes para conciliar sua lealdade para com a psicanálise e sua lealdade para com a medicina. Mas é possível separar esses três momentos do texto de Freud sem desconhecer o movimento de sua demonstração, sem reduzir a dimensão doutrinal relativa ao que é a psica-

---

[70] *Correspondance S. Freud; E. Jones, op. cit.*, p. 698 e E. Jones, Note de lecture sur *La Question de l'analyse profane*, IJP, vol. VIII, 1927. Tradução em *Le Coq Héron*, nº 150, 1998.

nálise e o que qualifica a praticá-la sobre uma questão técnica ou política? Para Freud, com efeito, é da teoria que se deduzem o que queremos do doente, de que maneira atingimos esse objetivo e as modalidades específicas de formação que requerem tanto a prática quanto a teoria. Mas a doutrina analítica não pode ser transmitida apenas pelo ensino teórico; alguém só adquire a convicção da justeza da teoria na prova que dela faz em sua própria análise, em seu corpo e em sua alma. Por mais dogmático que ele tente ser, a exposição da doutrina deve levar em conta essa particularidade; o que faz Freud ao instaurar a via do diálogo.

Ferenczi recomendará esse texto para aqueles que desejam aprender o essencial da psicanálise; Anna Freud o julgará ainda mais eficiente que as lições de introdução e proporá colocá-lo em preâmbulo depois seguir a ordem segundo a qual ali aparecem os diferentes temas para uma edição de obras escolhidas; Jones reconhece que Freud dá ali "a melhor descrição do que é a psicanálise, sua teoria e sua prática[71]". Fica maravilhado com sua engenhosidade. Mas mais que uma engenhosidade, o que está em ação nessa exposição é uma maneira de avançar com e não contra a resistência à psicanálise, tomando apoio nela para levantá-la de maneira homóloga ao que é iniciado numa cura, em particular com a resistência determinada pela transferência. É essa via que Freud escolhe para ensinar a seu interlocutor aquilo que a psicanálise ensina, aquilo que deve saber um psicanalista para tratar esses doentes diferentes dos outros, e como ele pode aprender isso. Assim é que a dimensão do sexual, do Édipo e do primado do falo só aparece no quarto capítulo a partir de uma questão do interlocutor que relata humores que imputam à análise cuidar dos "assuntos mais íntimos e mais nojentos" e tira disso argumento para sustentar que esses assuntos são prerrogativa dos médicos. Como na cura, Freud tranquilamente esperou que o interlocutor abordasse a questão.

Essa mesma via de exposição, não sistemática e conforme à história da elaboração dos conceitos, mas visando também operar uma dramatização da exposição, conduz Freud a escamotear num primeiro tempo uma parte importante da teoria do aparelho psíquico e a reservá-la para o quinto capí-

---

[71] I. Grubrich-Simitis, *op. cit.*, p. 293 e E. Jones, Nota de leitura, *op. cit.*, p. 6.

tulo. Depois de o interlocutor reconhecer que os conhecimentos necessários para praticar a análise comportam poucos conhecimentos médicos, muita psicologia e somente uma pequena parte de biologia e de ciência sexual, depois de admitir que a fineza de ouvido e o tato necessários para interpretar no bom momento exigem que o analista seja analisado "a fundo", Freud lhe lança "a coisa mais louca": em razão de um tenaz e inconsciente sentimento de culpa, o neurótico não quer se curar. Ele então formula a tarefa mais árdua, aquela diante da qual "se apagam as tarefas de interpretação", aquela que exige o mais alto grau de técnica e que "diferencia o método analítico dos outros procedimentos de psicoterapia": o manejo da transferência. Só então é que Freud explicita a teoria do supereu, da pluralidade das resistências e da compulsão de repetição para dar conta dessa terapia paradoxal em que, para superar a reação terapêutica negativa, é preciso "expulsar uma forma do estado de doença e pôr outra", "transformar uma neurose de qualquer conteúdo num estado amoroso mórbido". É no entanto por aí que se deve passar, pela neurose de transferência, para "corrigir" os primeiros recalques e a repetição[72]. Isso sozinho merece o nome de análise.

Esse paradoxo, a destreza, a paciência, a calma, a abnegação exigidas do analista para essa tarefa parecem conduzir o interlocutor a se render: "Diga-me apenas como e onde se aprende aquilo de que precisamos para praticar a análise." Freud dá então uma primeira resposta, factual: dois e em breve três institutos dão um ensino teórico, asseguram as análises dos futuros analistas e o controle de seus primeiros ensaios práticos, a experiência prática e as trocas de ideias nas sociedades psicanalíticas trazem o que falta a essa primeira formação. Ele pode então operar uma inversão sutil: quem entender o que pode ser ensinado da teoria do inconsciente, quem adquirir a técnica delicada da interpretação, da luta contra as resistências e do manejo da transferência, "este não é mais um leigo no âmbito da psicanálise". Ele está qualificado para empreender um tratamento ao passo que um médico não formado na psicanálise é um leigo.

O interlocutor, imparcial mas sempre ligado ao monopólio médico da prática analítica, admite isso tudo mas não depõe as armas: o que Freud

[72] S. Freud, *La Question de l'analyse profane*, Paris, Gallimard, 1985, p. 90-102.

assim apresentou é uma nova especialidade médica, ela requer, com efeito, uma formação específica que encontramos nos institutos de psicanálise. Aí surgem novos argumentos cuja fraqueza Jones, não completamente errado, denuncia. Freud sustenta que a formação médica prévia, ao colocar o acento nos fatores físicos, é contrária àquilo de que precisaria o futuro analista, e que a medicina não reconhece a unilateralidade da ciência do inconsciente nem a autoridade dos institutos. Afirma também que o embaraço representado pelo neurótico para a arte médica de curar e a pouca exigência quanto ao sucesso da terapia ("o verdadeiro remédio é a morte") incentiva uma charlatanice médica em matéria de análise. Nem por isso pode definir o que é a "formação determinada" que dá o direito de exercer a psicanálise: "Ainda não estou nesse ponto e não sei se a isso um dia chegarei." É reconhecer nas entrelinhas que os institutos de psicanálise não contradizem a teses da especialidade médica, que podem até estar a seu serviço. Assim, pode-se supor que a viva denúncia que Freud empreende, esse momento, do *furor prohibendi* e dos pendores burocráticos à colocação em tutela se endereça, queira ou não, tanto à febre de regulamentação dos institutos quanto às autoridades administrativas de Viena dispostas a barrar o caminho à liberdade intelectual e ao "desejo imparcial de saber" *[unparteiische Wissbegierde]*.

Mas o ponto de maior fraqueza da argumentação de Freud se revela no último capítulo depois de o interlocutor ter mencionado divergências de opinião dos discípulos de Freud. Este último tenta bem relacionar esse comportamento ao "domínio do *esprit de corps*", mas tem de reconhecer que a teoria analítica falha em frustrar o argumento médico que se refere à questão da indicação da análise e, portanto, do diagnóstico diferencial entre a neurose e a doença mental. Nesse tempo em que as causas de uma "inibição do eu [*moi*]" ainda são desconhecidas da teoria analítica, e na hipótese de uma etiologia não psicogênica de certas neuroses, ele recusa confiar o diagnóstico diferencial e esses tratamentos a não-médicos; concede essa prerrogativa ao médico. Por outro lado, recusa que os sintomas corporais que podem advir durante a análise exijam que o analista seja médico, já que, mesmo médico, o analista deve submeter esses sintomas à apreciação de outro médico. Ele então procede a alguns retoques discretos mas firmes das práticas em via de institucionalização nos institutos. Por um lado, indica que é a análise que permite apreciar a aptidão pessoal a exercer uma atividade tão exigente; por outro, afirma que os analistas didatas, que nessa época podem ser leigos, também devem conduzir análises terapêuticas para aperfeiçoar a própria formação. Aí ainda, recomenda uma liberdade de movimento e a ausência de restrição mesquinha.

Ao chegar a esse ponto, Freud dá livre curso a uma ideia "fantástica": se fosse preciso fundar uma grande escola *(Hochschule)* de psicanálise, seria preciso ali ensinar, ao lado da psicologia das profundezas, uma introdução à biologia, uma iniciação aos quadros clínicos da psiquiatria, uma grande parte da ciência da vida sexual, mas também a história da civilização, a mitologia, a psicologia das ciências religiosas e a literatura. Pois a experiência do analista o conduz a outro mundo, com outras leis e outros fenômenos que aqueles que são ensinados pela faculdade de medicina. Essa experiência, que torna necessárias essas duas ordens de conhecimentos, é a experiência do "abismo que separa o corporal e o psíquico". Deve ser esse abismo que faz da psicanálise, como do neurótico, um embaraço e faz com que encontrem para ele "uma sedimentação derradeira num tratado de psiquiatria no capítulo terapêutico[73]". Longe dessa sedimentação, talvez o futuro mostre que a aplicação da psicanálise à terapia das neuroses não é sua aplicação mais importante, que será menos importante que sua utilização para "as ciências que cuidam da gênese da civilização humana e de suas grandes instituições como a arte, a religião e a ordem social[74]". São outras tantas aplicações da psicanálise que Freud sustentou, tanto nas noites de quarta-feira, na revista *Imago*, quanto em muitos de seus trabalhos.

O debate de 1927 sobre a análise leiga

As contribuições ao debate de 1927 sobre a análise leiga mostram o tamanho do mal-entendido entre a maioria dos analistas e Freud, e do caráter inaceitável de sua "fantástica" ideia da formação[75]. Só a Associação Psicanalítica

---

[73] S. Freud, *op. cit.*, p. 136.

[74] S. Freud, *op. cit.*, p. 137.

[75] Publicadas pelo *International Journal* e a *Zeitschrift*, as contribuições ao debate foram traduzidas em francês pela revista *Le Coq Héron*, nº 150, 1998. Sobre a análise desse dossiê, ler Michel Schneider "La Question en débat". Apêndice a *La Question de l'analyse profane, op. cit.*

Húngara adota coletivamente sua posição, considera a questão já resolvida e denuncia os motivos ocultos e as resistências em ação na ofensiva contra os leigos; o problema essencial para a Associação Húngara é a formação, cujo núcleo é a análise pessoal. Quando não se contentam com uma lógica corporativista que desconhece a especificidade desses doentes que não são como os outros e desse tratamento que não é como os outros, os detentores da formação médica estabelecem suas posições baseados no argumento do diagnóstico e dos sintomas intercorrentes. Só Simmel tenta abordar esse segundo ponto com a questão da repetição, da transferência e de seu manejo. Muitos ressaltam o sentido clínico dos médicos, a familiaridade que têm com a experiência da vida e da morte. Algumas intervenções mostram a esperança que a psicanálise vai dar à medicina para que esta continue a cumprir plenamente sua tarefa terapêutica[76]. Ignorando o abismo que Freud sublinha entre o corpóreo e o psíquico, Alexander sonha com uma "ciência unificada capaz de compreender e curar a humanidade na unidade do corpo e do espírito"; ele tem esperança de que virá o dia em que o analista leigo e o médico não formado para a psicanálise serão considerados um fenômeno transitório do passado. Muitos reconhecem a contribuição dos leigos para a psicanálise aplicada e a dimensão científica da psicanálise. Mas são leigos que contestam a linha de partilha entre psicanálise aplicada e psicanálise terapêutica. Roheim ressalta que a prática terapêutica é necessária à formação do antropólogo que deseje aplicar a psicanálise à sua ciência; Sachs mostra o caráter não fundado dessa partilha; à medida que a análise didática progride, as anomalias do caráter, as inibições e os distúrbios da vida emocional revelam-se com gravidade equivalente àquela em jogo nas análises terapêuticas.

A longa contribuição de Jones pretende situar-se para além da emoção e da paixão, devidas, segundo ele, ao período de transição em que se encontra a psicanálise, e adotar a mesma visão ampla que o texto de Freud quanto ao futuro. Para isso, ele define a tarefa nova, imensa, do movimento: organizar

---

[76] Em suas entrevistas de Sainte-Anne de 1971-1972, Lacan vai interpretar a chamada à ordem da psicanálise pela medicina como um arranjo que atende ao fato de que "a plataforma que tinham com o discurso da ciência estava se tornando mais exígua". *Le Savoir du psychanalyste*, 1º de junho de 1972, inédito.

o saber analítico. Parecendo ignorar o avanço teórico incessante de Freud, ou julgando-o falho para constituir "um saber organizado e verificável", ele considera que essa tarefa foi até ali negligenciada e que o interesse neurótico pela psicanálise não bastará mais para cumpri-la. Ela deve ser conduzida tanto na formação quanto na relação com as outras ciências. Uma discussão sobre a "formação apropriada" nem por isso está na ordem do dia: o currículo e a seleção são para ele problemas técnicos reservados ao Comitê Internacional de Formação. A relação com as outras ciências, para falar a verdade, não é muito colocada em discussão. Para operar o trabalho de apresentação, a classificação sistemática dos conceitos, e evitar assim o esoterismo, a psicanálise precisa de um corpo de pesquisadores formados na pesquisa científica. É o que vai permitir escapar à "atmosfera de estufa quente" propícia aos ciúmes sectários. Para isso, para Jones é evidente que o ponto de contato mais próximo e promissor com a ciência é a medicina, essa "ciência vizinha" que também tem a vantagem de proteger da intelectualização. Logo, ele não compromete a reflexão metodológica sustentada por Müller-Braunschweig e que conduz este último a considerar não só que as ciências naturais não têm o monopólio do método empírico de observação, mas também que a ciência da linguagem é, por exemplo, mais apta a entender a relação causal e a relação de sentido entre um sintoma ou qualquer formação substitutiva e aquilo que está realmente em questão.

Para Jones, o que importa é justificar que a psicanálise não pode ser uma profissão independente. Ele entendeu que a posição de Freud, que ele julga extrema, leva a isso e lhe escreveu que tem muitas coisas a dizer sobre isso[77]. Ele entendeu a novidade do laço social inventado por Freud com a psicanálise. Mas essa novidade, que Freud aborda com esses doentes, esse tratamento e esses leigos "que não são como os outros", Jones a pensa em termos de profissão. Ele recusa a um só tempo a interdição da análise leiga como "ato de pura tirania" e a tese freudiana segundo a qual a função médica é indiferente até mesmo inútil à prática da psicanálise; sustenta uma posição intermediária que só ela, segundo ele, respeita os interesses da psicanálise, dos psicanalistas e dos pacientes. Só a formação médica, prévia ou complementar,

[77] *Correspondance S. Freud-E. Jones*, *op. cit.*, p. 698.

garante um reconhecimento da psicanálise pela ciência e o grande público; ao evitar os erros diagnósticos e os riscos de inibição na condução da cura, ela dá maior autoridade ao analista; ela impede, enfim, a desmedicalização da doença mental. Ao desfazer a unidade lógica entre o físico e o psíquico, unidade necessária para abordar a humanidade doente, a prática leiga independente produziria um divórcio entre a psicanálise e a medicina clínica que seria tão prejudicial a uma quanto a outra. Se a medicina não preservar as prerrogativas do diagnóstico e da prescrição, eventualmente delegando o cuidado a auxiliares, a doença mental cessará de ser seu objeto. Enfim, se o desenvolvimento de uma profissão independente parece ir no sentido dos interesses dos pacientes por uma possível baixa dos honorários, é ao risco de não mais poder compartilhar com a análise selvagem. Logo, para Jones importa que o Comitê Internacional de Formação, criado dois anos antes por iniciativa sua, afirme e organize uma disciplina médica, incentive os leigos a uma formação médica e selecione com rigor aqueles que julgarem esse currículo complementar inoportuno.

É difícil saber o que prevalece em Jones de uma concepção social e profissional da psicanálise e de uma concepção do saber psicanalítico e de sua organização. Essa concepção do saber, que ele partilha com a maioria daqueles que empreenderam institucionalizar a formação de acordo com a clivagem entre o didático e o terapêutico, é testemunha de um mal-entendido com Freud e de um desconhecimento da via que este traça em seu texto. O conjunto das contribuições ignora o longo encaminhamento de que Freud precisa para ressaltar a finalidade da psicanálise e a formação por ela exigida. Longe de instrumentalizar o saber psicanalítico a serviço de uma finalidade terapêutica exterior a ele, Freud deduz a finalidade da psicanálise e a formação do analista de um saber não acabado. É da teoria elaborada para dar conta da formação dos sintomas e da reação terapêutica negativa, ou seja, da teoria do recalque, das pulsões e da repetição, que ele deduz a visada de correção do recalque e da repetição. É uma iniciativa na qual ele não vai ceder. Confrontado com as exigências de uma prática estreitada em torno de análises didáticas e de doentes graves, é a partir da "feiticeira metapsicológica" que ele vai, em 1937, reformular "a operação propriamente dita da terapia analítica": a correção *a posteriori* dos processos originários de recalque. A isso conduz a teoria e não se pode renunciar a esse fim, mesmo que a experiência não permita decidir sua possível realização. "Sem especular nem teorizar metapsicologicamente – por um pouco eu teria dito fantasiar –, não se avança aqui nem um passo[78]."

No posfácio que escreve para os mais próximos após ter lido o dossiê das contribuições, Freud se pergunta como é possível obstinar-se em negar que a psicanálise seja uma prática não médica e se interroga sobre "o empreendimento de sedução" operado pela medicina: essa tentativa de apropriação visa conservar o objeto ou destruí-lo? Ele constata que, no que lhe diz respeito, a fraqueza de sua disposição sádica antes permitiu que o rebento dessa disposição que consiste em ajudar os outros não tivesse sido forçado a se desenvolver. Assim, o triunfo de sua vida é ter corrigido o desvio de seus desígnios originais que foi o longo desvio pela medicina, e que sua necessidade de compreender os enigmas do mundo tenha acabado por prevalecer. Ele critica as contribuições por acentuarem erradamente a dificuldade do diagnóstico e dos sintomas corporais intercorrentes, por desconhecerem que a autoridade do analista deve-se à transferência e não ao saber médico. Podemos lamentar que Lou Andreas-Salomé tenha permanecido estranha ao debate de 1927. Talvez tivesse sabido fazer entender o que já havia formulado em seu diário de 1912: tinha que ser um médico que soubesse manter a vida de pé, como um novo ovo de Colombo, na ponta quebrada do desamparo psíquico. Ao agarrar "pela ponta do vestido" a vida prestes a escapar no organismo, Freud soube fazer com que ela se mantivesse como "discurso e resposta", soube "apertar" o psíquico entre o inapreensível do ser-em-vida e seus elementos desmembrados e até ali identificados como manifestação de degradação física[79]. Freud tenta fazer entender que tinha de ser um médico desligado da tradição médica.

Freud entendeu a ameaça agitada por Jones de que a medicina perdesse o monopólio do atendimento da loucura após ter lentamente obtido essa prerrogativa. Retomando um argumento de Reik, ele lhe replica que a medicina não tem o monopólio da psicoterapia como mostram a tradição protestante da cura de alma ou as terapias adlerianas. Mas ao contrário

[78] S. Freud, "L'analyse avec fin et l'analyse sans fin", *Résultats, idées, problèmes* II, Paris, PUF, 1985, pp. 239-245.

[79] L. Andreas-Salomé, "À l'école auprès de Freud", *op. cit.*, p. 280.

dessas práticas psicoterápicas, que aliviam restaurando a religiosidade ou o interesse pela comunidade social, a psicanálise priva-se desses meios, como privou-se da hipnose, e escolhe a via difícil de enfrentar, com a neurose de transferência, o recalque e a repetição. Em 1928, ele perguntará a Oskar Pfister se ele entendeu o laço secreto que existe entre *A Questão da análise leiga e O futuro de uma ilusão*; ele reafirma sua vontade de proteger a análise não só dos médicos mas também dos sacerdotes[80]. As trocas de argumentos de 1927 permitem entender que não era só a respeitabilidade social da psicanálise que estava em jogo na questão da análise leiga, mas que a novidade da prática analítica abalava o relativamente recente atendimento médico da doença mental. Os trabalhos de Michel Foucault e de Jan Goldstein sobre a genealogia e a história desse atendimento esclarecem esse lado em questão do debate[81].

Freud não ignora essas considerações sociais e profissionais, mas a elas não se dobra. As páginas do *Posfácio* que Jones e Eitingon não publicaram, mas que hoje podem ser lidas, mostram a preocupação que ele tinha de explicar qual lógica social, econômica e ideológica determina a posição dos americanos. Mas as explicações dos motivos deles nem por isso o tornam compreensivo e ele acaba designando a posição deles como uma tentativa de recalque[82]. Nenhuma consideração prática deve prevalecer, segundo ele, sobre o "ganho científico" que é o aspecto mais "prazeroso" do trabalho analítico. Nada deve pôr em perigo aquilo que faz a especificidade de seu procedimento: "A estreita união da cura e da pesquisa." Freud bem cedo teve consciência do conflito entre terapêutica e pesquisa na psicanálise. Lou Andreas-Salomé conta que sua última entrevista com ele no fim de sua estada em Viena tratou disso; ela conta como Freud insistiu na necessidade para o pesquisador de permanecer constantemente em contato íntimo com o material dos doentes. Só esse contato permite à pesquisa psicanalítica trabalhar permanecendo no inconsciente, permite que os resultados permaneçam novos e abram portas não notadas. Sem isso, a pesquisa psicanalítica, como

[80] S. Freud, *Correspondance avec le pasteur Pfister. 1909-1939*, Paris, Gallimard, 1966, p. 183.

[81] M. Foucault, *Histoire de la folie à l'âge classique*, Paris, Plon, 1961. J. Goldstein, *Consoler et classifier, l'essor de la psychiatrie française*, Institut Synthélabo pour le progrès de la connaissance, 1997.

[82] S. Freud, *La Question de l'analyse profane*, OC, *op. cit.*, p. 87-90.

o sonho, afunda sem perdão[83]. No *Posfácio*, Freud chega até a sustentar que, como o homem neurótico é um material mais instrutivo que o homem normal, ele representa uma boa metade das possibilidades de formação para aquele que quer aprender e aplicar a psicanálise à terapêutica ou a outras pesquisas. Considerando de novo a "formação mais apropriada", ele considera que "o programa de ensino para o analista ainda está para ser criado". Ele dá os eixos daquilo que pode contribuir para a "formação do intelecto e da observação pelos sentidos": as ciências do espírito, a psicologia, a história da civilização, a sociologia, a anatomia, a biologia, a história da evolução. É decerto um ideal, "que pode ser realizado e que deve ser realizado"; os institutos de ensino são o início de tal realização "a despeito de toda sua juvenil insuficiência[84]".

Freud não gostou muito que Jones tivesse colocado a questão da análise leiga em debate prévio ao congresso nas diferentes sociedades; teria preferido que toda a associação desposasse seu ponto de vista e suas exigências. Desejava conservar uma unidade de posição sobre uma questão que comprometia a psicanálise como tal. Também desejava proteger assim o privilégio dos analistas de emigrar como bem entendem. Teve de reconhecer que faltava a autoridade necessária a um acordo geral e pensar numa separação com os americanos[85]. A decisão unilateral da Sociedade de Nova York de condenar a análise leiga afetou Freud ao ponto de ele não conseguir tomar a decisão de ler a resolução de Eitingon para o congresso e, após escrever seu posfácio, teve de desviar seu interesse da questão: "Comprometi-me plenamente, pouco obtive e não posso fazer mais[86]." Assim, o ano 1927 vê aprofundar-se uma distância entre Freud e o movimento que ele quis organizar para abrigar a pesquisa. Essa distância também é aquela entre o isolamento que exige um "comandante-em-chefe sem exército", apoiado apenas por Ferenczi, e o realismo político de Jones que, mais pragmático e mais compreensivo para com as situações locais, assume função de chefe político.

---

[83] L. Andreas-Salomé, *op. cit.*, p. 362.

[84] S. Freud, *Postface*, Gallimard, *op. cit.* p. 144.

[85] S. Freud, Lettre à Eitingon 22 mars 1927, citada por Jones, *La Vie et l'œuvre de Sigmund Freud* (New York, 1957), Paris, PUF, 1969, t. III, p. 335.

[86] S. Freud, Lettre à Ferenczi, 16 juillet 1927, *Correspondance S. Freud-S. Ferenczi*, *op. cit.*, p. 1099 F.

A crise iniciada por Freud sobre a análise leiga vai dar a Jones a oportunidade de pôr em prática seu gosto e talento para a organização do movimento. A organização da formação será peça central no compromisso que ele tenta preservar entre o centralismo e as prerrogativas locais. Após o congresso, ele explica a Freud sua estratégia para acalmar os americanos: lutar contra "a formação selvagem" (*wilde Ausbildung*) sendo draconiano na seleção dos candidatos e no respeito às normas dos Comitês de formação, harmonizar os Comitês. Freud responde laconicamente que "toda a organização ainda está bem jovem e sem experiência[87]". Ele considera essa evolução "fatal" para o futuro da psicanálise[88]. Não pode imaginar que, no "sombrio futuro" que aguarda a psicanálise "se ela não conseguir aprumar-se na vida fora da medicina", entrarão também as graves, e às vezes funestas, dificuldades de integração criadas por certos países de acolhimento aos analistas que foram obrigados a deixar seus países por causa do nazismo.

Os desafios do padrão e seu questionamento

O Congresso de Wiesbaden em 1932 assinala o fracasso de Freud em unificar o movimento em torno de sua posição, também assinala o fracasso de Eitingon em unificá-lo em torno da posição mediana de Jones admitindo uma prática leiga não independente e, portanto, a formação de leigos sob estritas condições. Ainda em 1929, Eitingon tentara convencer os colegas de que a coesão da comunidade, necessária para preservar a integridade da psicanálise, exigia o sacrifício de posições individuais; defendera a ampliação do círculo daqueles que são admitidos no trabalho terapêutico e ressaltara que a posição que seria tomada comprometeria o destino da psicanálise[89]. Em 1932, a política de comprometimento de Jones salva a integridade da Associação ao preço de renunciar a uma recomendação geral sobre a seleção dos candidatos e, portanto, de deixar a cada sociedade o privilégio de decidir a questão da análise leiga.

---

[87] *Correspondance S. Freud-E. Jones*, 30 septembre et 29 octobre 1927, *op. cit.*, p. 721 e 727.

[88] S. Freud, Lettres à Ferenczi 22 avril et 13 mai 1928. Citadas por Jones, *op. cit.*, p. 339.

[89] M. Eitingon, Rapport 30 juillet 1929, *IJP*, vol. X, p. 511.

É tentador dizer que "bem entendido" Freud fracassou e importa entender as implicações e as consequências desse fracasso[90]. Com *A questão da análise leiga*, Freud tentou ressaltar que a formação mais apropriada para o analista é determinada pela finalidade e a prática específicas da cura, elas mesmas determinadas pela teoria analítica, por essas construções que, a partir da experiência, delimitam o que pode ser nomeado psicanálise e o que deve ser nomeado de outro modo. Era fazer da questão da formação uma questão doutrinal da qual dependem dispositivos e procedimentos técnicos. Como, em 1914, no momento da dissidência de Adler e Jung, Freud, em 1926, comprometeu, portanto, sua autoridade, arriscando um desacordo com aqueles que ele havia secretamente encarregado de serem guardiães da doutrina, assumindo o risco de uma dissidência de uma parte da Associação. Não deve ser sem importância que, na mesma carta de 23 de setembro de 1927, ele pede contas a Jones sobre seu comportamento (está ele fazendo jogo duplo em relação aos americanos?), sobre uma campanha que ele o acusa de fazer contra a análise dos filhos de Anna Freud e sobre sua tolerância para com as visões errôneas de Joan Riviere. Na mesma carta, Freud cita a carta na qual escreveu a Brill que não seria uma perda "no plano científico, colegial e material se eles quisessem partir", ele abandona ao desenvolvimento histórico ulterior decidir entre as divergências de opinião e de técnica de dois analistas de crianças, enfim julga herética a maneira como J. Riviere "irrealiza" a análise, embora sem procurar desencorajá-la. Vale dizer que ele distingue entre os desacordos possíveis aquele que resulta de uma discussão teórica sem *parti pris*, aquele que merece um aviso e aquele que pode justificar uma separação[91]. A carta põe em prática essa autoridade que Freud primeiro tentara transferir para Jung e a Associação Internacional, "uma autoridade capaz de dar diretivas e avisos", capaz de velar pelo futuro da psicanálise[92]. A resposta de Jones e a troca que se segue a respeito de J. Riviere mostram a que ponto essas distinções são difíceis de entender,

[90] Em 1978, Lacan poderá dizer que "bem entendido" é um fracasso completo esse passe". Assim, introduzimos uma questão sobre a lógica comum a esses dois fracassos.

[91] *Correspondance S. Freud; E. Jones, op. cit.*, p. 718-730.

[92] S. Freud, *Sur l'Histoire du mouvement psychanalytique, op. cit.*, p. 81.

mas também o impasse que foi a tentativa de instituir essa autoridade num lugar de poder.

A adoção por unanimidade em Wiesbaden do relatório sobre a admissão e a formação confirma que a autoridade de Freud não é reconhecida sobre uma questão que compromete a psicanálise e seu futuro. A resposta política e técnica de Jones deixa aos comitês locais de formação o poder de definir a orientação quanto à seleção dos não-médicos. Ela define a prerrogativa do Comitê Internacional: padronizar a formação. As análises didáticas só podem ser conduzidas por didatas autorizados, a seleção deve levar em conta a personalidade do candidato, os candidatos se comprometem em não se declarar analistas sem a autorização do Comitê de formação, os candidatos leigos se comprometem em não ter uma prática independente, a formação propriamente dita compreende a análise didática, em seguida dois anos de ensino teórico, depois dois controles durante pelo menos um ano[93].

Em 1929, no Congresso de Oxford, Eitingon ressaltara que aqueles que estavam encarregados da formação eram guardiães da integridade da psicanálise uma vez que as pesquisas científicas arriscavam ser recebidas de maneira fragmentária pelo público, destorcidas até ficarem desconhecíveis. Sentia-se feliz, mais por influência recíproca que sob o efeito de uma discussão, por o mesmo percurso ter sido seguido pelos diferentes centros com "*a logical and beautiful systematicness*". Pouco depois da crise que sacudira o Comitê Secreto em torno da heterodoxia de Rank, o Comitê Internacional de Formação recebia assim uma função de guardião da doutrina. Essa atribuição era ainda mais surpreendente já que, como Jones vai censurá-los em 1936, Eitingon e o Comitê Secreto estavam pouco preocupados em fundar teoricamente os procedimentos que eles organizavam e regulamentavam. Assim se desenhava, e isso devia se confirmar em Wiesbaden como consequência da rejeição da posição de Freud, a instituição de uma ortopraxia coexistindo com um pluralismo doutrinal não ainda reconhecido como tal. A ofensiva americana de 1938 contra o Comitê Internacional de Formação devia ser a sequência lógica disso: após a cláusula de Oxford pela qual as Sociedades americanas podiam recusar

[93] *IJP*, vol. XIV, p. 157-159.

a filiação dos psicanalistas formados na Europa, após o compromisso de Wiesbaden, a própria existência do Comitê era contestada. No período, aberto desde 1932, de controle local e de pluralismo doutrinal, a formação passava a ser uma questão de poder na transmissão da psicanálise e uma ocasião de cisões. Foi em 1936 que a IPV tomou o nome de *International psychoanalytical Association* (IPA).

A questão da análise leiga será causa de cisão nos Países Baixos, na Suíça, na Califórnia; nas outras rupturas estará em jogo o tratamento de outras questões teóricas e técnicas. Cada Comitê de Formação herdava a dupla tarefa de garantir a ortodoxia daquilo que era ensinado e de apresentar aos estudantes os novos desenvolvimentos teóricos e técnicos. As cinco cisões que afetaram as Sociedades americanas entre 1941 e 1947 esclarecem como a tensão entre esses dois objetivos foi tratada por medidas disciplinares e rupturas com frequência violentas, ainda mais difíceis de elaborar porque punham em jogo laços de transferência[94]. O caso britânico estabeleceu a reputação da Sociedade Britânica de conter, se não os dissidentes individuais, pelo menos os movimentos coletivos de cisão. O que faz "caso" é a maneira como um acordo foi concluído em 1946 após as controvérsias Anna Freud-Mélanie Klein, o *gentleman's agreement* ou o *ladies's agreement* segundo os autores, para organizar os cursos e os controles ao instituir o pluralismo doutrinal na formação. Uma repartição dos cursos e dos controles entre as três tendências resolvia a delicada intricação de três problemas: a compatibilidade das teorias kleinianas com a de Freud, a oportunidade da transmissão destas aos estudantes e, portanto, a seleção dos analistas didatas, as posições de poder e de influência na Sociedade. Esse acordo foi concluído ao risco de esclerosar a Sociedade ao fechá-la a toda possibilidade ulterior de debate. O contexto ameaçador da guerra, o exílio da família Freud e a proximidade da morte de Freud determinaram em grande parte esse desfecho singular que o pragmatismo de Jones, a tradição política inglesa e o grupo dos Independentes talvez não tivessem bastado para assegurar. A. Freud vai relacionar sua recusa de fazer cisão a seu reconhecimento para com a

[94] N. L. Thompson, "Les schismes dans le mouvement psychanalytique aux États-Unis", *Topique, Scissions psychanalytiques*, nº 57, 1995. É. Roudinesco e M. Plon, *Dictionnaire de la Psychanalyse*, Paris, Fayard, 1997.

acolhida que a Sociedade Britânica de Psicanálise reservara a ela mesma, a Freud e aos analistas que tiveram de fugir do nazismo[95].

Deve ser lógico que a primeira voz que se levanta em 1947 para questionar o sistema de formação seja a de Balint. Formado em Berlim, ele é analista em Budapeste quando a Sociedade Psicanalítica de Budapeste marca sua oposição à temporalidade do currículo de formação e à concepção do controle que disso decorre; exilado em Londres, participa do grupo dos Independentes no momento da grande controvérsia. Não é sem inquietude que, mesmo didata, ele relate aos didatas e aos estudantes igualmente presentes à sua conferência (o que é uma inovação) as censuras que ele tem a fazer a uns e outros e uma constatação pesada[96]. A ausência de publicações há mais de vinte anos manifesta, entre os didatas, uma inibição do pensamento e uma ausência de discussão científica sobre os objetivos e os métodos da formação; a regulamentação das análises didáticas e das análises sob controle é o efeito de um dogmatismo que não leva em conta a experiência. Um bom exemplo da submissão dos estudantes ao sistema é a reunião em "grupos genéticos" em torno de um mestre. Balint propõe um diagnóstico para esses sintomas: a formação psicanalítica assume a forma das cerimônias primitivas de iniciação: saber esotérico, exposições dogmáticas, técnicas autoritárias, submissão e identificação dos candidatos com o iniciador. Contrariamente à finalidade oficial da análise, que é constituir um Eu [*Moi*] forte e crítico, a formação se constitui em "formação de supereu". O trabalho sob controle e o ensino *ex cathedra* lhe parecem particularmente propícios a favorecer essa formação de supereu, ainda mais que a competição entre as escolas de pensamento incentiva cada escola a formar o máximo possível de candidatos e a fazer deles discípulos fiéis.

Esse traço maior da formação, seu caráter iniciático, legível na história da formação da qual ele propõe uma periodização, é para Balint um efeito da dimensão esotérica dessa história. Fazer da identificação com o iniciador

---

[95] P. King, "La formation d'un psychanalyste. L'expérience britannique" em S. Lebovici e J. Solnit (sob a direção de), *La Formation du psychanalyste*, Paris, PUF, 1982. R.D. Hinshelwood, "Le mythe du compromis britannique", *Topique, Scissions psychanalytiques*, *op. cit.*

[96] M. Balint, "On the psychoanalytic training system", (IJP, 1948) trad. Em *Amour primaire et technique analytique*, Paris, Payot, 1972.

o princípio do sistema de formação é o objetivo esotérico dessa formação que ele mesmo entende realizar a preocupação de Freud de instituir uma autoridade "capaz de dar diretivas e advertências". Balint refere esse processo a um só tempo a um modelo iniciático e ao modelo eclesial em que a infalibilidade no entanto recusada por Freud, foi delegada a seus discípulos próximos do Comitê Secreto e fundou uma "sucessão apostólica" de uma geração a outra. Mas ele não interroga o fundamento do recobrimento que ele opera de três modelos: iniciação, sucessão apostólica, filiação, nem aquele que ele supõe entre a autoridade analítica, a autoridade paterna, a autoridade doutrinal e o poder institucional. Ao questionar a regulamentação da duração da análise didática, contrária à técnica mais elementar da análise, ele se aproxima da posição de Ferenczi para quem a análise didática é simplesmente uma análise. Ao contestar o princípio de uma cronologia da formação e a separação que ela institui entre a análise didática e o controle, ele retoma a posição húngara que colocava a análise da contra-transferência sob a responsabilidade da análise e atribuía, portanto, ao analista a tarefa concomitante do controle. Ele nem por isso interroga a clivagem retomada de Berlim entre o terapêutico e o didático, bem como recusa reabrir a questão doutrinal da análise leiga.

Alguns meses antes de morrer, em 1952, Bernfeld se demite da Comissão de Ensino de San Francisco para dizer seu ceticismo e perguntar se é obrigatório inventar a situação mais desfavorável para ensinar a psicanálise[97]. Sua conferência causou escândalo e só foi publicada dez anos mais tarde. Ressaltando, como Balint, que Freud, para consternação das "autoridades", não se submeteu à racionalização professoral das escolas profissionais que são os institutos, ele denuncia o conformismo e o infantilismo que daí resultam. A espécie de "contrato" que os rege, isto é, a promessa de prestígio e dinheiro que o diploma representa, produz ciúmes e competição. De acordo com seu interesse antigo pelo impacto da psicanálise na educação e na pedagogia, ele propõe centrar a relação de ensino no estudante e não no mestre.

Se sua proposta de uma simples mudança de método desconhece as dificuldades relativas à especificidade do objeto em jogo na formação, Bernfeld

97 S. Bernfeld, art. cit.

levanta questões decisivas. A análise didática pode ser institucionalizada? Ele reconhece a necessidade dessa análise, ainda que Freud o tenha incentivado a praticar antes de ter feito uma análise. Mas instituí-la e regulamentá-la faz prevalecer a demanda da instituição e ignora que a necessidade de uma análise longa e aprofundada só se impõe no momento em que a relação de uma possível "vocação" realmente se coloca. É possível, sem praticar uma técnica não freudiana e até desviacionista, ser analista e decidir o momento em que o analisando está pronto para acompanhar os seminários, pode ser admitido no controle e pode se tornar psicanalista? No entanto, é o dever institucional do didata que cessa assim de ser um simples "elemento de transferência" para se tornar um elemento da realidade do paciente. Essa "situação transferencial complicada" permite uma análise convincente da transferência, única razão a justificar a importância dada à análise pessoal? A aberração está no auge pelo fato de que os analistas didatas têm uma posição de poder na Sociedade, eles têm, assim, o poder de designar os didatas e os controladores. Bernfeld conta que Sachs bem rápido renunciou a todo cargo na Sociedade, recusando associar a autoridade transferencial ao poder e à autoridade de um cargo político.

Em 1939, Sachs havia convidado os analistas a pensar o possível destino da descoberta por Freud do inconsciente e do complexo de Édipo com a perspectiva dada pelo último livro de Freud, *O homem Moisés e a religião monoteísta*, sobre os ensinamentos de Moisés[98]. Se essa perspectiva de um desaparecimento, de uma inversão depois de uma volta da descoberta de Freud deve ser encarada, é em razão da separação que ocorreu na psicanálise entre sua visada científica e a organização do movimento. Primeiramente criada para abrigar uma pesquisa ameaçada pelas resistências intensas que ela provocava, tão logo se viu encarregada de regulamentar a formação e a habilitação dos psicanalistas, a associação se tornou conservadora, preocupada com a própria sobrevivência e voltada para objetivos práticos que a afastaram do objetivo inicial de pesquisa. Em 1947, foi publicado um artigo póstumo em que Sachs retomava os dois problemas que ele havia levantado

[98] H. Sachs, "The prospects of psycho-analysis", *IJP*, vol. XX, 1939, trad. em *Malaise dans la psychanalyse*, Paris, Arcanes, 1995.

em 1930, da seleção dos candidatos e do fim da análise didática[99]. Ele ali contesta a clivagem entre análise terapêutica e análise didática ao notar que, no estado presente da civilização, as tendências psiconeuróticas são universais e que o interesse prestado às psiconeuroses é regularmente motivado por seus próprios problemas. Além disso, o analista não deve conduzir a análise fixando-se um objetivo terapêutico ou didático mas tendo por única finalidade a descoberta do inconsciente. Se por conta própria retomar as contra-indicações nos casos de distúrbios severos (neuroses obsessivas graves, tendências psicóticas, psicopatia, perversões), ele está contestando o postulado de normalidade e sustentando que, paradoxalmente, certas pessoas bem adaptadas e sem sintomas são inaptas a se tornar analistas: a rigidez narcísica as mantém afastadas do próprio inconsciente e daquele dos outros[100]. A única qualificação específica outra que as exigências de seriedade, honestidade e cultura, que valem para qualquer psicoterapeuta, pediatra ou eclesiástico, é que a pessoa possa enfrentar o próprio inconsciente. Então se coloca o delicado problema de apreciar as "manchas cegas", os centros de resistência poderosos o bastante para inibir o conhecimento íntimo do inconsciente e comprometer a objetividade científica. Só a análise permite julgar isso. Por outro lado, é possível recusar a formação àqueles que escolhem a profissão apenas para ganhar dinheiro e àqueles que, movidos pelo *furor sanandi*, querem psicoterapias-milagre rápidas.

Sachs pensa que se um analista deve ter adquirido em sua cura uma compreensão íntima e intensa da natureza, da linguagem e dos mecanismos do inconsciente, ele não deve pretender explorar todo o material, resolver todos os conflitos e suspender todas as resistências. Ele aqui se alinha ao lado de Freud mais que de Ferenczi, sublinhando que o fim da análise é o começo dela e insistindo no necessário reconhecimento pelo analista de suas próprias faltas e limitações. Entretanto, conforme a reputação que era a sua de contar histórias judias, ele termina o artigo retomando uma parábola que Freud usava para questões semelhantes: como o tetraz australiano não pode ser comido assim que é morto, é então enterrado num buraco

[99] H. Sachs, "Observations of a training analyst", *Analytic Quarterly*, 1947, XVI.

[100] Essa observação será desenvolvida por M. Gitelson, "The analysis of the "normal" candidate", *IJP*, vol. XXXV, part II, 1954.

coberto de galhos; após seis semanas, é retirado, não é mais bom para o consumo e deve servir de esterco. Esse apólogo, que não deixa de evocar o *sicut palea* de São Tomás que será retomado por Lacan a respeito da mesma questão, ganha todo seu peso ao ser relacionado a uma outra história judia pela qual Sachs ilustra a posição de Freud e a inscrição de sua descoberta na tradição da *Torah*. Um cocheiro que chicoteia sem piedade seu cavalo e que seus próximos conjuram poupar o animal responde friamente: "Já que ele resolveu ser cavalo, tem que correr" (*As es sich hat üntern¨mmen ze sejn a Ferd, müss es lejfen)*. "Já que resolvemos ser homens..." acrescenta Sachs[101]. Essas duas fábulas abrem de maneira bem impressionante para as dimensões do significante e do objeto que iam permitir que Lacan elaborasse com outras coordenadas as questões transmitidas pelos psicanalistas para quem a experiência falava mais forte que o padrão.

A crise francesa de 1953

Um regulamento de Comitê de Formação algum dia encontrou pena mais própria para convencer de seu fundamento doutrinal que a pena de Lacan em 1949[102]? Com a suspensão da *Revue française de psychanalyse* e o fechamento do Instituto, a Sociedade Psicanalítica de Paris (SPP) cessara suas atividades públicas durante a guerra, recusando a funesta "salvação" na qual se aventurara, com o aval de Jones, a *Deutsche Psychoanalytical Gesellschaft*. Pouco depois da retomada de suas atividades, a SPP delegou a uma Comissão de Ensino a função da formação. O texto de Lacan que estabelece os "regulamento e doutrina" ali submete a dimensão regulamentar à relação da "ortodoxia freudiana" com uma "técnica pura". O padrão burocrático ali ganhou a dignidade de uma "transmissão regular" em que "a experiência didática", ou seja, a experiência das resistências e da transferência na psicanálise "dita didática", assumia o estatuto de "regra fundamental" que Ferenczi lhe dera na formação do psicanalista.

---

[101] H. Sachs, *Freud, mon maître et mon ami* (New York, 1944), Paris, Denoël, 1977, p. 132.

[102] Regulamento e doutrina da Comissão de Ensino, setembro de 1949, em *La Scission de 1953*. Documentos editados por J.-A. Miller. Suplemento ao nº 7 de *Ornicar?* 1976 *[Sc. 53]*.

Esse texto é num sentido conforme à "tradição contínua" da formação, constituída a partir do modelo berlinense; adotado pela SPP, foi publicado, não assinado, em setembro de 1949 na *Revue française de psychanalyse*; na exposição de motivos dos estatutos que ele propôs em novembro de 1952 para o novo Instituto, Sacha Nacht retomou algumas de suas expressões. Entretanto, esse regulamento contém os germes de uma subversão que é sua verdadeira assinatura e que ia encontrar sua efetividade em 1964 com "a excomunhão" de Lacan; essa subversão devia primeiramente arrastá-lo contra a vontade numa cisão que ele não queria. Longe de ser redutível a uma ortopraxia, a "técnica pura" é, segundo esse texto, aquela que "respeita todo o registro da personalidade ao não eludir nenhuma de suas antinomias", ela permanece submetida às "peripécias do caso"; é na relação com essa técnica pura que toma seu sentido "a ortodoxia freudiana" radicalmente diferente de uma "teoria congelada em dogmas". O exame racional das qualificações a serem buscadas no candidato, embora enuncie as deficiências desqualificantes e reconheça os "limites imanentes a toda ação sobre seu semelhante", recomenda não se ater às "condições por vezes precárias que determinam o equilíbrio do momento biográfico em que o sujeito se apresenta". Lacan insiste na "formação cultural" (tanto no uso da fala quanto no "núcleo fértil de saber") e relaciona as qualificações profissionais prévias ao testemunho que elas podem dar da "assimilação do sujeito à realidade humana". Se as qualificações médicas, psiquiátricas em particular, são as mais recomendáveis, o texto reconhece o valor de outras experiências de trabalho e especifica que "nenhum grau da habilitação técnica será proibido aos psicanalistas não-médicos ou, como se diz no exterior, aos leigos". De modo bem sutil, fazendo da didática o lugar por excelência da técnica pura, o texto tende a reduzir a clivagem instituída entre análise terapêutica e análise didática. A responsabilidade do analista é acentuada: o aluno é "entregue inteiramente à [sua] tutela".

A publicação dos documentos essenciais da cisão de 1953 e o trabalho de análise histórica de Élisabeth Roudinesco permitem delimitar como certos impasses do modelo de formação adotado pela IPA precipitaram a crise institucional francesa[103]. Enviamos o leitor a esses documentos e a essa

[103] *Sc. 53, op. cit.* "Nouveaux documents sur la scission de 1953", *Analytica*, nº 7, 1978. É. Roudinesco, *La Bataille de cent ans. Histoire de la psychanalyse en France*. 2, Paris, Seuil, 1986.

análise e sublinharemos certos traços de uma cisão que, embora se inscreva na lógica de formação da IPA, é o momento nascente de uma outra lógica de formação. As questões doutrinais aí não foram explicitamente motoras ainda que o grupo fosse caracterizado por uma "falta absoluta de coerência doutrinal e técnica[104]". O congresso mundial de psiquiatria em 1950 havia visto desenhar-se uma oposição convergente dos analistas franceses às correntes americanas; por ocasião do processo intentado em 1951 contra uma psicanalista, não-médica e membro da SPP, por exercício ilegal da medicina, fora possível crer que uma coexistência era possível entre os partidários de uma psicanálise médica independente da formação universitária e delegando as análises terapêuticas a "auxiliares", os partidários da análise leiga com cobertura médica e os partidários da integração do freudismo à psicologia sob a categoria de uma "psicologia clínica". A prática heterodoxa de Lacan, o uso regrado de sessões mais curtas e de duração variável, por duas vezes fora objeto de debate na SPP; ela podia reivindicar o regulamento de 1949 no qual estava enunciado que o "movimento" da didática " – frequência, duração talvez até suspensão das sessões – permanece tão submetido quanto numa terapêutica às peripécias de casos" (art. V). É sobre fundo de conflito institucional que a prática de Lacan é novamente contestada no Conselho de Administração do Instituto em fevereiro de 1953: Daniel Lagache ali sustenta o direito à experimentação e à pesquisa, Nacht exclui esse direito da didática questionando a aceitação dos candidatos em análise com Lacan, este último justifica sua prática por sua experiência clínica[105]. A lógica dos três argumentos é coerente com as posições tomadas por esses três analistas no conflito em curso, um conflito que se refere à instituição da formação e, portanto, à maneira de ligar a experiência analítica a uma política institucional.

Quando, em 1952, a SPP iniciou a reabertura de um instituto ao qual ela delegava o encargo de organizar o ensino teórico e prático, Balint e Sachs já haviam estigmatizado os impasses da formação instituída na IPA; o texto de Balint circulara na SPP por iniciativa de Lacan. A conferência de Bernfeld, contemporânea da crise francesa, ainda não estava publicada; o

---

[104] J. Lacan, Lettre à Rudolph Loewenstein, *Sc. 53*, *op. cit.*, p. 133.
[105] *Analytica*, vol. 7, 1978, em *Ornicar?*, nº 12, p. 10-11.

julgamento de Freud sobre a "juvenil insuficiência" dos institutos era ou ignorado (o *Posfácio* de 1927 ainda não estava traduzido) ou minimizado ou incompreendido. No projeto inicial, a SPP mantinha a prerrogativa da análise didática pela cooptação dos titulares didatas e a Comissão de Ensino tinha a função de doutrina, regulamentação, seleção e aceitação que lhe conferia o regulamento de 1949. Os estatutos, que Nacht, presidente da SPP, propõe para a segunda associação que era o Instituto, foram recebidos pelos liberais como um golpe de Estado. Não só Nacht entende acumular as funções de presidente e diretor das duas associações, atribuir-se uma parte essencial do ensino colocando em concorrência num mesmo horário os seminários de Lacan e Lagache, mas ele desfaz o equilíbrio complexo entre as três instâncias ao fazer passar a Comissão sob a jurisdição do Instituto e ao reduzir a SPP a uma "sociedade culta". Ele opera a separação tanto temida por Freud e denunciada por Sachs entre as atividades de pesquisa e de formação. A crise que ia se desenrolar durante um ano devia ocorrer em dois níveis distintos, mas levados a se cruzar: uma questão de poder e uma questão de política da psicanálise. A questão de poder opôs os liberais, agrupados em torno de Lagache, à ambição autocrática de Nacht; bem rápido, ela se cristalizou em torno de uma possível cisão, primeiramente acenada como ameaça por Nacht depois atuada, a termo, por Lagache no desconhecimento de suas consequências; essa discórdia recobria em parte uma oposição entre uma orientação médica e uma orientação psicológica universitária; as alianças e derrubadas de aliança ali tiveram uma parte determinante. A questão de uma política da psicanálise foi sustentada por Lacan que recusava a lógica de cisão e não conseguia se reconhecer em nenhuma das duas frações; ela esteve em ação no projeto de emenda aos estatutos de Nacht[106]. Esse projeto merece atenção em razão da antecipação, que ali pode ser lida *a posteriori*, da tentativa institucional ulterior de Lacan e para delimitar o que será a distância entre os dois.

Sachs entendia sua nomeação como didata em Berlim, embora fosse membro da Sociedade Psicanalítica de Viena, como uma vontade de separar no grupo as responsabilidades políticas da tarefa didática; Bernfeld

[106] *Sc. 53, op. cit.*, p. 52-63.

confirmou que Sachs limitou-se a essa separação; seu caso no entanto permaneceu isolado, uma vez que a confusão entre as instâncias de poder e a responsabilidade analítica era antes a regra. Contra a confusão num mesmo lugar da autoridade doutrinal e do poder político, Lacan sustenta em seu projeto uma "unidade da autoridade" (o Conselho de Administração) que respeite uma separação das funções doutrinais e políticas (art. 6). Para esse fim, ele restabelece a autonomia da Comissão de Ensino, lhe restitui a função regulamentar e doutrinal, distribui entre ela e o Comitê de Direção do Instituto as responsabilidades relativas aos seminários e estágios; estabelece a regra segundo a qual não é possível ser ao mesmo tempo secretário do Instituto e membro da Comissão; institui o reconhecimento do "*gradus* psicanalítico" resultante da "ordem de transmissão da experiência do analista qualificado ao candidato psicanalista". Esse *gradus*, sancionado pelo título "aceito no Instituto", deve habilitar o candidato à prática da psicanálise sob reserva das disposições legais para o exercício da medicina; logo, é distinto da qualidade de "sócio" da SPP que até ali sancionava sozinha o término do currículo e continuava a depender da hierarquia entre sócio e titular didata. O projeto prevê um segundo título (assistente do Instituto) conferido por "colaboração eminente" nos trabalhos do Instituto e não qualificando para a prática; com efeito, os ensinamentos não devem ser reservados aos candidatos psicanalistas.

Ao restabelecer a responsabilidade da Comissão na transmissão da experiência, esse projeto de estatutos entende prevenir-se contra o perigo de uma política pessoal da direção e contra a confusão das instâncias. Mas também tem a ambição de se opor à formalização dos estudos, sua exigência de assiduidade e a temporalidade rígida de seu currículo obrigatório, pelo princípio de estudos "liberalmente concebidos", princípio exigido por uma ciência "humanista" e pela necessidade para o estudante de adquirir uma disciplina ao participar autenticamente das "pesquisas que fundam as categorias da experiência analítica". Se a necessidade de abrir um instituto está claramente relacionada por Lacan à exigência de distinguir os princípios da disciplina psicanalítica das psicoterapias no tempo em que estas últimas passam "à escala dos fenômenos sociais", o programa de ensino é explicitamente referido à ideia "fantástica" de Freud de uma alta escola de psicanálise[107]. Essa passagem de *A questão da análise leiga* é ressaltada na exposição de motivos. Quatro seminários permanentes são propostos: o seminário dos textos, o comentário oral dos textos originais sendo "a via mais segura e a mais racional para um acesso metódico aos conceitos fundamentais da psicanálise" e permitindo a manutenção de uma "tradição viva"; o curso de técnica controlada em que se pode reconhecer "a função criadora da *práxis*", "a relação das regras com seus efeitos no caso" sendo a via da "ciência do particular"; um seminário de crítica clínica e fenomenológica visando interrogar a psicopatologia clássica e o valor efetivo da intervenção clínica; um seminário de psicanálise de crianças. Seminários extraordinários deviam permitir ao Instituto sair do isolamento doutrinal da psicanálise e preencher sua função de "hospedeiro designado de qualquer confronto com as disciplinas afins". Ao lado desse primeiro "ofício" de ensino superior e pesquisas, um segundo "ofício" do Instituto é constituído por uma "escola de estágio" (clínica das neuroses, técnicas para sua cura, indicações e contra-indicações) e um dispensário-modelo anexado a um hospital.

A primazia dada à fala no ensino entende reconhecer que seus efeitos sobre o ouvinte instituem, "mesmo às caladas", um "diálogo" que apresenta uma simetria com a experiência da análise didática. Lacan sustenta que essa simetria organizada pela fala entre o ensino e a experiência didática toca no cerne do problema constituído pelo "lugar da psicanálise no sistema das ciências", que ela é exigida pela especificidade da psicanálise no que ela recebe das ciências afins e no que lhes traz. Assim, ele tenta tornar efetivo um enodamento entre o saber e a experiência que já inspirava o texto de 1949. Essa via do "diálogo" volta à forma retórica escolhida por Freud para transmitir a seu interlocutor o inaudito da psicanálise leiga.

Como Freud, Lacan teve esperança que seu projeto fizesse acordo, e não compromisso, na medida em que antecipava a unidade de um corpo despedaçado ao lhe propor "o instrumento de um espelho" que dava a *razão* da divisão: razão a ser encontrada na "Discórdia" original à qual a segunda

---

[107] É divertido notar o quiasma operado pela tradução utilizada: a *Hochschule* torna-se "faculdade" e a *Fakultät* torna-se "Escola"; a restituição do termo Escola para a instituição psicanalítica terá lugar com a nomeação da Escola Freudiana de Paris.

Tópica deu "outro nome[108]". Lacan deve ter acreditado nisso mais que Freud que terminava seu diálogo num desacordo; sua carta a Lœwenstein mostra o que foram para ele os meses de desespero e pesadelo que se seguiram. À prova da traição da amizade, os "efeitos de grupo" naqueles mesmos que haviam conhecido a ocupação acrescentaram um estilo e formas de relações humanas análogas àquelas do Terror ou dos processos de Praga[109].

Com efeito, as questões de poder tinham prevalecido sobre o projeto de instituir uma formação coerente com a especificidade da psicanálise; o jogo das alianças e dos compromissos havia preponderado sobre o acordo desejado por Lacan, recalcando, mas por pouco tempo, a discórdia, e permitindo a abertura de um instituto de acordo com a orientação de Nacht. Este último tomou então a decisão sintomática que devia questionar o *gentleman's agreement* à francesa e precipitar a discórdia em cisão. Quando os analistas em formação receberam, em maio de 1953, o formulário pelo qual deviam renovar o compromisso de não usar o título de psicanalista e de não exercer a psicanálise antes de ter recebido a autorização pela Comissão, o mal-estar entre eles foi grande. O novo formulário assinava a anulação do percurso já efetuado? Embora até os analistas em formação não questionassem o compromisso como tal, a dimensão sintomática do acontecimento revelava as confusões instituídas a respeito da autoridade. Nacht teve todas as condições de significar a Jenny Roudinesco que ela se enganava de destinatário ao se dirigir conjuntamente ao presidente da Sociedade, Lacan, e ao diretor do Instituto, Nacht, embora este último fosse o único envolvido do ponto de vista administrativo. Talvez a carta recusasse a separação instituída por Nacht; mas era fazer pouco caso do fato de que J. Roudinesco se dirigia aos dois analistas aos quais ela devia sua formação, seu didata e um de seus dois controladores, para dizer o mal-estar dos estudantes e como não convinha tratá-los como menores e alunos[110]. A gafe administrativa de Nacht revelava o confisco, em proveito de sua autocracia, da autoridade da Comissão e sua vontade de apagar a ação formadora da SPP. O apoio dos liberais à revolta dos estudantes só podia despertar a discórdia, desta vez até a cisão.

---

108 J. Lacan, *Sc. 53, op. cit.*, p. 52.

109 J. Lacan, Lettre à Rudolph Lœwenstein, *Sc. 53, op. cit.*, p. 120-135.

110 J. Roudinesco, Lettre au Docteur Nacht et au Docteur Lacan. *Sc. 53, op. cit.*, ver anexo.

Como essa revolta explodia a respeito da autorização de praticar a psicanálise, ela atualizava, embora sem formulá-la, uma questão não redutível à oposição entre liberalismo e autocracia, uma questão relativa à autoridade em jogo na psicanálise e em sua instituição. Freud havia sublinhado que a autoridade do analista não se deve a um diploma ou à garantia dada por uma formação, ainda que médica, e sim à transferência. Mas qual é seu fundamento? Ela é objeto de uma transmissão, seja sob o modo de sucessão apostólica, formatura militar, filiação ou iniciação? Deve ela ter um lugar, e qual, na instituição? Lacan devia ser o destinatário dessa questão que, nessa data, podia ser tão bem ouvida em Paris quanto em Londres onde, por irônica coincidência, ia se realizar em julho de 1953 o primeiro simpósio enfim dedicado pela IPA à questão da formação[111].

15 de maio de 1953
CARTA DE JENNY ROUDINESCO

Ao Doutor Nacht
Diretor do Instituto de Psicanálise
e ao Doutor Lacan
Presidente da Sociedade de Psicanálise

Caros amigos,

Recebi há alguns dias uma circular relativa às decisões da Comissão de Ensino e uma fórmula de compromisso a ser assinada que, devo dizer, confundiram a minha mente. Primeiramente, não entendo bem os respectivos papéis da Sociedade e do Instituto, é por isso que me dirijo ao Diretor de uma e ao Presidente do outro já que sou igualmente ligada aos dois pelos mesmos sentimentos de amizade e reconhecimento pela ajuda que me deram para minha formação analítica.

Em abril de 1949, quando só a Sociedade existia, pedi para começar uma análise didática e, nessa época, a Comissão composta de sete membros me deu seu acordo. Assumi, então, o compromisso de honra de não fazer

[111] *Intern. J. Psychoa.*, 35, 2, 1954.

análise sem autorização da Comissão e de não me autorizar com o título de analista antes de ser eleita membro da Sociedade. Não era um compromisso unilateral já que a Comissão e a Sociedade também se comprometiam moralmente a me conferir o título quando eu tivesse satisfeito as exigências de meu analista, de meus controladores e recebido a aceitação da Sociedade por proposta da Comissão.

Atualmente, pedem-me um novo compromisso cuja necessidade entendo mal e que, em todo caso, só posso assumir em conhecimento de causa como assumi o primeiro. O que me preocupa é, por um lado, a ignorância em que estou dos novos estatutos do Instituto e da Sociedade, e, por outro lado, os termos empregados para comunicar as decisões da comissão de ensino que parecem implicar um efeito retroativo dessas decisões.

Conheço perfeitamente as resistências encontradas pela psicanálise e a obra que desejamos prosseguir em comum, bem como a necessidade de se cercar de todas as garantias morais e profissionais antes de conferir o título de analista e as responsabilidades que ele comporta, mas essas dificuldades não devem provocar um sentimento de insegurança entre os analistas que os leve a uma atitude autocrática incompatível com a própria natureza da obra empreendida.

Acontece que minha situação pessoal não está em causa. Minha análise foi começada porque constatei a impossibilidade de conduzir corretamente as psicoterapias de crianças sem conhecer a disciplina analítica; ela permitiu, embora não fosse de toda confiança em razão de minha idade e de minha situação, que eu resolvesse meus problemas pessoais para minha satisfação e a dos senhores; uma de minhas análises de controle feita por Lebovici está terminada com sua aprovação desde abril, a outra ainda está em curso, mas de acordo com os senhores eu pretendia apresentar minha dissertação e minha candidatura à Sociedade o mais breve possível.

Como também sabe por minha análise, caro Senhor Nacht, considero-me, legitimamente, creio, há muito tempo associada à obra comum de difusão do pensamento analítico.

Dei minhas provas enquanto organizadora e chefe de equipe, tenho também a experiência do ensino, e um certo conhecimento das reações de grupo. É por isso que me permito lhes dizer que reina um mal-estar entre os jovens candidatos à psicanálise e que, na minha opinião, esse mal-estar só poderia ser dissipado se a Sociedade lhes comunicasse estatutos e regulamentos interiores para que eles os estudassem e formulassem em toda liberdade suas críticas e opiniões.

Muitos, justamente, conseguiram, graças à análise, uma plena maturidade e o desabrochar da personalidade. Só podem sofrer por serem tratados indefinidamente como menores e alunos.

Assim, peço-lhes que levem em consideração minha carta e que a comuniquem à Sociedade e ao Conselho de Administração do Instituto para discussão.

Creiam, caros Amigos, em meu inteiro devotamento à causa comum.

Jenny Roudinesco

4

DE UMA FORMAÇÃO À OUTRA

Uma formação profissional?

Durante a inauguração do Instituto de Psicanálise em junho de 1954, um ano depois da cisão, o ministro da Educação Nacional sublinha, em presença do ministro da Saúde, que os ensinamentos e a formação previstos pelo Instituto já existem na Universidade e que é necessário estabelecer uma colaboração entre psicólogos e médicos para instaurar uma "ciência do homem[112]". Embora formule o desejo de permanecer estranho às polêmicas que dividem os psicanalistas, ele traz assim seu apoio aos fundadores da Sociedade Francesa de Psicanálise. A redação da *Revue française de psychanalyse*, que publica a alocução, precisa em nota que só o Instituto é reconhecido pela IPA como organismo de ensino; em 1955, o Executivo Central rejeitará novamente o pedido de filiação do "Grupo Lagache" por "insuficiência das capacidades de formação".

Essas palavras da inauguração merecem ser sublinhadas pois, em seus estatutos de 1952, Nacht prevê um diploma para o qual ele conta negociar o reconhecimento pelo Estado. Em sua própria alocução, ele insiste no

[112] *Sc. 53, op. cit.*, p. 156-157.

enraizamento médico da psicanálise, distanciando-se do "velho sonho de Freud", isto é, da "ideia fantástica" de 1926: "Também evitaremos visar tão longe." É antes a medicina experimental de Claude Bernard que lhe parece o método de referência para ensinar a técnica psicanalítica. Lacan, por sua vez, semanas após a cisão, escreveu a Lœwenstein, que foi seu analista, para lhe contar os acontecimentos "extravagantes" dos últimos meses, lhe dizer como lamenta que o "núcleo médico" se tenha cristalizado em torno de Nacht, desfavorável à análise leiga, e assegurá-lo de que a nova "comunidade de trabalho" não é o "clã dos psicólogos" que dizem ser[113]. Assim se desenha a singularidade de sua posição, que fará dele rebotalho da negociação da SFP para reintegrar a IPA, e o determinará a operar, também na questão da formação, uma "volta a Freud". Mas, antes de entender o movimento e o traçado feitos, convém circunscrever o momento social em que se inscreve a questão da formação dos psicanalistas.

Para além do conflito, não desprezível mas tampouco capaz de determinar uma ruptura decisiva, entre autocracia e liberalismo, Nacht e Lagache têm uma mesma preocupação, coerente com aquela que orienta a IPA desde a criação, em 1925, do Comitê Internacional de Formação: organizar a formação profissional dos psicanalistas. Essa visada se inscreve, de fato se não for de intenção, no processo de racionalização da sociedade ocidental que Max Weber procurou analisar e do qual faz parte a lenta substituição das profissões às artes, aos ofícios e às funções. Nesse processo, a institucionalização de uma formação profissional é determinante. Ao tentar desfazer os modos iniciáticos ou especulativos da transmissão, ela contribui para a transformação dessas práticas e do estatuto social destas. Uma formalização dos saberes, e em particular do saber técnico, é uma condição. O saber técnico foi durante muito tempo mantido afastado da Universidade, embora esta última formasse para os "ofícios" de teólogo e jurista; foi reconhecido em sua especificidade pelo empreendimento da *Enciclopédia* e a criação, na França, das grandes escolas*. Seu reconhecimento e a organização de sua transmissão são um efeito lateral do laço de reciprocidade entre a ciência

[113] *Ibid.*, p. 120-135.

* Grande école: estabelecimento de ensino superior de grande prestígio. (N.T.)

moderna e a técnica moderna, uma reciprocidade que está em ação na matematização e na instrumentalização da física e que rompe com a maneira antiga de se situar em relação aos objetos de saber e aos objetos técnicos. A questão da formação, e da racionalização do ofício que ela deve operar, torna-se doravante um elemento essencial das estratégias de reconhecimento social, de identificação, de organização, mas também de legitimação de uma profissão.

Freud produziu uma nova profissão ao inventar um novo laço social? Como vimos, a questão está no cerne do debate de 1927 sobre a análise leiga, mais por causa de Jones, que recua diante da perspectiva de uma profissão independente, que de Freud, que não tem esse propósito. Este último, ao sustentar em 1919 o projeto de ensinar a psicanálise na Universidade – para a formação dos médicos e não para a dos psicanalistas que, segundo ele, havia encontrado seu próprio local e modalidades –, sonhou com a possibilidade de ligar a medicina aos ensinamentos agrupados na filosofia. Sonhou com a mesma ligação em 1926 para o ensino conveniente para formar o espírito e a observação dos psicanalistas. Deve-se ver um puro arcaísmo em sua referência à *universitas literarum*, no crédito que ele dá às "letras" de poder fundar o universal do saber? É importante entender a coerência dessa referência e da resistência que Freud opõe ao processo no qual se inscreve o movimento de profissionalização, processo que liga intimamente a ciência moderna, a técnica moderna e o mercado capitalista. É a mesma lógica que conduz Freud a apelar para a *universitas literarum* e a se opor à resolução dos colegas americanos, a julgar que a decisão que eles tomam de proibir a prática da psicanálise aos leigos, sejam quais forem os motivos sociais, econômicos e políticos, é uma tentativa de recalque da psicanálise[114]? Como entender essa posição do ponto de vista de sua exigência científica? A reserva de Freud para com a lógica profissional esclarece a tentativa – a tentação? – recorrente dos psicanalistas de abrigarem sua prática numa profissão já existente (a medicina) ou em via de constituição (a psicoterapia) e de se referirem, para a transmissão, à associação do ofício. Uma das razões dessa tentação se deve à dificuldade de sustentar um laço social pelo qual as categorias do

[114] S. Freud, ocXVIII, *op. cit.*, p. 87-90, páginas não publicadas por Jones e Eitingon.

ofício e da profissão não bastam para responder e que Lacan vai elaborar com a escrita dos "discursos".

Submetida às questões ideológicas, econômicas e sociais do controle das profissões, a formação profissional se desenvolveu no século XX, buscando distinguir-se das funções de ensino, aprendizagem e educação, mas sem relação com elas. É uma tentativa de responder à exigência social de coordenar as determinações científicas, tecnológicas e econômicas. Põe em jogo modos de articulação e acentuação variáveis da aquisição de saberes e de *savoir-faire*, de visadas adaptativas, de transformação da pessoa. Uma lógica de formação dominante sobressai conforme for privilegiada a relação do sujeito com o saber, do sujeito com a sociedade, do saber com a profissão[115]. Variantes dessas lógicas dependem da escolha de acentuar a estruturação ou a acumulação do saber, sua dimensão sistemática ou o registro dos problemas, a tecnicidade dos métodos e dos dispositivos ou a habilidade e a intuição. A retórica dos discursos de formação retoma naturalmente a maneira, herdada de Aristóteles, de pensar a mudança: as noções de transmissão, quantidade, qualidade, estruturação do saber reencontram os esquemas de sua *Física*. Do mesmo modo, o modelo dominante da formação, o "forma-se", pensa a passagem de um estado inicial a um estado final conforme o paradigma tecnológico da fabricação artesanal e conforme uma distribuição da causalidade fixada pela mesma herança: a matéria com a qual se fabrica um objeto, a forma que é dada a essa matéria, o fim que determina essa forma e a matéria requerida, o agente que produz esse efeito.

A ciência moderna, ao matematizar e instrumentalizar a física, teve de romper com uma física que tratava dos seres reais, empíricos e submetidos à mudança com a causalidade aristotélica e seus esquemas, como ela teve de literalizar uma matemática demonstrativa ligada ao necessário, eterno e imóvel. A referência, explícita ou não, ao modelo artesanal na formação do psicanalista não leva em conta essa ruptura; no entanto põe em ação uma objetivação do indivíduo a ser formado que pode parecer convir à objetivação científica e técnica. Ao preferir o ateliê do mestre-artesão ao laboratório para formar o psicanalista, como nos "nobres ofícios de outrora", Eitingon

[115] M. Fabre, *Penser la formation*, Paris, PUF, 1994.

se orientou pelo paradigma tecnológico do "forma-se". Com efeito, pode parecer coerente, talvez até sensato, que para uma finalidade terapêutica da prática psicanalítica, o médico a quem um didata dá a forma do psicanalista (a dele, portanto: seu saber, sua técnica, seu Eu [*Moi*]) é, salvo exceção, a matéria que convém. Ao se orientar assim, a organização ipeísta da formação não levou em conta a determinação inconsciente na relação do sujeito com o saber, a dimensão de experiência, e não de experimentação, da cura, ela não interrogou a participação da psicanálise no fenômeno social das psicoterapias e os efeitos dessa participação sobre sua doutrina.

Em acordo com os discursos pedagógicos críticos da racionalidade tecnológica e institucional, Bernfeld propôs orientar a formação conforme o movimento próprio àquele que "se forma". Essa posição crítica contesta que o modelo concebido para os seres que devem sua forma a outra coisa que si mesmos valha para os seres que têm em si mesmos o princípio da mudança. Ela acentua o registro da experiência, dada como lugar privilegiado da formação até se equivaler a ela. A tradição do *Bildungsroman* desenvolveu o processo pelo qual um indivíduo adquire sua forma. Essa forma é a dele inicial, mas ele a apreende no movimento em que, através de um mito individual ou de uma obra, ao acaso dos encontros, ela se realiza; ela toma sentido e verdade em sua decifração retrospectiva. A questão social é menos de adaptação que de integração a uma comunidade por um processo de universalização dessa forma particular que não é recebida do outro ainda que ele seja oportunidade de sua realização. Enquanto "ciência da experiência e da consciência", *A fenomenologia do espírito* é disso a expressão filosófica consumada; ela tem a ambição de passar do amor do saber ao "saber efetivamente real", ou seja, ao "sistema científico" da verdade[116]. Segundo Hegel, efetuar essa passagem supõe apreender o verdadeiro não como substância, mas como sujeito, em seu movimento de colocar a si mesmo por seu próprio devir-outro; é reconhecer o sujeito como pura negatividade e divisão. A experiência é "o movimento dialético que a consciência exerce em si mesma, tanto em seu saber quanto em seu objeto". Esse movimento de auto-formação, que tem "no começo o próprio fim como meta", requer "suportar

[116] Hegel, *La Phénoménologie de l'esprit*, trad. J. Hyppolite, Paris, Aubier, 1939, t. 1, p. 8 e segs.

o tamanho do caminho", "ficar parado" em cada momento com a mesma paciência que teve "o espírito do mundo" para empreender o prodigioso labor da história universal. O trabalho, em que se joga a dialética do mestre e do escravo, a ação, em que se aceita a particularidade em sua finitude e se joga o movimento da obra, são as vias da formação que encontra seu pleno sentido, com a linguagem, no momento da cultura.

De modo contínuo, Lacan sublinhou a dimensão de experiência da psicanálise. Ele a define já em 1936 como uma experiência de linguagem em que o lugar dado por Freud ao testemunho do sujeito, para chegar ao real que a cura procura transformar, renova a aliança da ciência com a verdade. Ao especificar, em 1951, que "a psicanálise é uma experiência dialética", ele encontra em Hegel um apoio à sua elaboração do "progresso do sujeito" na cura[117]. Essa elaboração, uma vez que vale pela "experiência didática" que é a análise do analista, desloca-o radicalmente em relação ao paradigma tecnológico que orienta o modo de formação na IPA. Nas páginas onde Lacan extrai "a série das inversões dialéticas" pela qual Freud expõe o caso Dora, passando ao leitor a "escansão das estruturas em que se transmuta para o sujeito a verdade", ele denuncia o novo tipo de alienação do homem do qual arrisca participar a psicanálise. Refugiados no psicologismo por medo da verdade que dizem as "doenças que falam", os praticantes que perpetuam a técnica psicanalítica vão deixar-se fascinar pela fabricação do *homo psychologicus* e contribuir para a seleção de "técnicas que teriam todo o alcance formativo próprio aos ritos", ou vão manter o "valor de salvação" da iniciativa de Freud[118]? Para entender o alcance de sua crítica, importa sublinhar que, no mesmo momento, Lacan sustenta que a técnica funda a experiência tanto quanto o sistema dos conceitos e que "a formação técnica comanda a própria inteligência teórica". Ao denunciar o perigo que ameaça a psicanálise, ele se apoia na experiência para salvar a técnica que funda em rigor a experiência freudiana da ritualização tecnicista em que ela se perde; isso no momento em que seus colegas o intimam a se explicar sobre a distância de sua técnica do tempo das sessões com a duração ritual exigida pelo padrão.

[117] J. Lacan, "Intervention sur le transfert"(RFP, XVI), 1952, em *Écrits*, Paris, Seuil, 1966, 215-226.
[118] *Ibid.*, p. 217.

A questão técnica

Em 1924, uma crise sacudiu o Comitê Secreto até acarretar sua dissolução (que será temporária) por Freud. Ela se fez em torno das modificações da "técnica clássica" imaginadas por Ferenczi e Rank; mas foi sobretudo a construção teórica deste último que inquietou Jones e Abraham[119]. Ao experimentar de maneira sistemática a fixação antecipada de um termo à análise, Rank havia encontrado efeitos clínicos que ele tentou elaborar com a noção de um "traumatismo do nascimento". Abraham considerou a teoria de Rank uma regressão científica em que acontecia uma "repetição do caso Jung"; a essa rejeição inquieta e ferina, Freud opôs uma posição prudente e aberta[120]. Ainda que a "terapia ativa" de Ferenczi, que ele havia apoiado em Budapeste em 1919, representasse a seu ver "uma tentação perigosa para iniciantes ambiciosos", Freud reconheceu que a obra comum de Ferenczi e Rank trazia uma correção e um prolongamento à sua concepção da repetição e do *Agieren* que valia a pena ser submetido à reflexão. "Devemos evitar condenar de imediato como herético um empreendimento desse gênero." Ao falar das tendências secundárias que, em todo trabalho científico, levam a encontrar coisas novas e surpreendentes, ele levou muito a sério a questão teórica colocada por Rank. Ele, tão pouco inclinado a entrar nas linhas de pensamento dos outros quanto era inapto a exercer as funções de censor, iniciou um exame da contradição que Rank trazia à sua própria elaboração do Édipo, do interdito do incesto e da função paterna. Esse exame, para além da crise, devia contribuir para o remanejamento, no ano seguinte, das relações da angústia com o recalque; não seria estranho à elucidação do fetiche onde Freud ia encontrar uma confirmação da primazia da angústia de castração. Embora falasse de suas dúvidas quanto à possibilidade de abreviar a análise, Freud assim concluiu sua carta ao Comitê: "Espero que uma reflexão e uma experimentação intensas cheguem a um esclarecimento." Ao mesmo tempo, tentou convencer Abraham de que o risco de erro, dificilmente evitável na

---

119 S. Ferenczi e O. Rank, *Perspectives de la psychanalyse* (Viena, 1924), Paris, Payot, 1974. O. Rank. *Le Traumatisme de la naissance* (Viena, 1924), Paris, Payot, 1928.

120 S. Freud, Lettre au Comité du 5 février 1924, em E. Jones, *La Vie et l'œuvre de S. Freud, op. cit.*, p. 67-70.

atividade científica, não impede coabitar sob o mesmo teto o tempo que for preciso para avaliar a descoberta e as modificações técnicas que ela acarreta; e discutiu ponto a ponto com Ferenczi e com Rank sua posição cada vez mais reservada sobre o livro deste último.

A *Encyclopédie médico-chirurgicale* que, por solicitação de Henri Ey, abriga em 1955 os verbetes de Maurice Bouvet, "A cura-tipo", e de Lacan, "Variantes da cura-tipo", é uma ficção com um único teto. Com o seminário de 1953-54 dedicado aos escritos técnicos de Freud, com o Relatório de Roma e "Variantes da cura-tipo", Lacan sustenta fora dos muros o exame da questão técnica, de seus desafios teóricos, de suas coordenadas sociais e científicas, de suas implicações na formação dos analistas. Seu verbete da *Encyclopédie*, ofensivo, toma o partido de denunciar os desvios da técnica dita "clássica" e o contra-senso teórico de que elas decorrem[121]. Ao jogar com a visão diacrônica e a abordagem sincrônica, ele situa na virada dos anos 1920 o momento nascente em que a técnica, com a análise do "material" e a análise das resistências, precipitou-se no engodo do Eu [*Moi*]. Se o próprio termo "material" assinala o descrédito da "semântica psicanalítica", ou seja, do discurso do inconsciente, a atribuição da resistência ao Eu [*Moi*], no momento mesmo em que Freud extrai as resistências do Id e do Supereu, introduz a teoria e a técnica num contra-senso. "O sujeito constituinte do sintoma é tratado como constituído" e o Eu [*Moi*] constituído na resistência é tratado como a instância constituinte à qual o analista se dirige... enquanto Eu [*Moi*] ele mesmo. É desconhecer o que ensina a técnica da análise: a fala que ela revela é assunto de um sujeito inconsciente. Esse desconhecimento é fechamento do inconsciente; ele é escapada do ponto de vista da ação que cabe ao analista uma vez que ele consente em "trazer" a fala, ou seja, um ato supondo como tal um sujeito. Talvez seja preciso reconhecer nessa escapada "o pavor que se apodera do homem ao descobrir a figura de seu poder" na ação em que ela se mostra "nua"; ora, é assim que ela se mostra em "cada experiência humildemente conduzida por um dos operários formados [na escola de Freud][122]". Os embaraços da "contra-transferência" servem de

[121] J. Lacan, "Variantes de la cure-type", em *Écrits, op. cit.*, p. 323-362.

[122] J. Lacan, "Fonction et champ de la parole et du langage em psychanalyse", em *Écrits, op. cit.*, p. 242.

abrigo para esse pavor; o mal-estar na formação deve ser entendido como a "rebelião dos fatos" contra esse fechamento do inconsciente e esse desconhecimento da verdade.

Lacan não fala nesse artigo da variante técnica que lhe é censurada e ao título da qual ele é solicitado; ele antes recusa a noção de cura-tipo ao lembrar a reserva de Freud para com a padronização de uma técnica apropriada primeiramente à sua personalidade. No Relatório de Roma, ele expôs as razões clínicas de uma manobra do tempo das sessões; ele a distinguiu da técnica ativa de fixação antecipada de um termo; sustentou que o tempo de que necessita o inconsciente para se revelar não resulta do *timing* mas do tempo do sujeito na fala e do "tempo da criação de um objeto simbólico[123]". A dialética temporal do tempo lógico, a prática da pontuação no estabelecimento de um texto dão um melhor acesso que o objeto técnico moderno que é o relógio de Huyghens.

Lacan também deu, no Prefácio do Relatório de Roma, uma leitura da temporalidade em que se inscreve esse Relatório. Ele "toma seu sentido e sua forma" da pressa que recebeu das circunstâncias, ou seja, da cisão que acaba de acontecer. Sua decisão de deixar a SPP com os fundadores da SFP é por ele adiada até esse momento em que um homem "pode identificar numa única razão o partido que ele escolhe e a desordem que ele denuncia para entender-lhes a coerência no real e antecipar por sua certeza sobre a ação que os opõe [124]". Logo, sua escolha é lida, *a posteriori*, como saída de um momento de compreender. "Superação na fala" dessa pressa, a conferência de julho, "O simbólico, o imaginário e o real", e o Relatório de Roma deixam entender que, com o conflito institucional sobre a formação, Lacan saiu de um tempo de sua elaboração teórica, ao fim do longo caminho de que precisou para se desprender da exploração do Imaginário especular e das resistências do Eu [*Moi*]. "Pedra de refugo" para os colegas, a manobra do tempo ali tomou valor de "pedra angular" sobre a qual ele não cederia. Com efeito, sua abordagem clínica, técnica e teórica do tempo teve papel determinante nesse deslocamento.

---

123 *Ibid.*, p. 309-316.
124 *Ibid.*, p. 241.

Em 1932, em sua tese, Lacan notava que, na opinião dos próprios mestres, a técnica que conviria à psicose não está madura e que é o "problema mais atual da psicanálise", pois uma estagnação dos resultados técnicos ao alcance atual deles acarretaria rapidamente o perecimento da doutrina[125]". Os dois problemas espinhosos são a transferência, em relação com o princípio do desencadeamento, e as resistências, em razão da integração das interpretações do analista ao delírio. Dos três polos que ele retém para entender o fenômeno da personalidade – o individual, o estrutural e o social –, é então o polo social que lhe parece o mais propício a uma abordagem científica, embora vise os dois outros. Logo, acaba escrevendo que o problema terapêutico das psicoses torna "mais necessária uma *psicanálise do eu [*moi*]* que uma psicanálise do inconsciente" e que o estudo das resistências e "uma experiência nova da manobra destas" fornecerão "as bases da nova técnica psicanalítica". Em 1936, ele apresenta, com o estádio do espelho, a teoria de um "momento estruturante" da constituição da realidade, e especifica o que é da competência da técnica propriamente dita: fixar os tempos da operação da análise nos dois registros da interpretação e da transferência, em função das reações do sujeito[126]. Embora prossiga a exploração da identificação imaginária com a qual ele elabora o polo social, Lacan explora, portanto, a manobra das resistências com a manobra do tempo: pois, na neurose, também o material produzido pela cura pode vir integrar-se à resistência. Ele encontra ali um dos motivos que levaram Freud a sustentar em 1918 a técnica ativa de Ferenczi[127]. Ali onde a aplicação ritualizada ao trabalho, em particular na neurose obsessiva e na análise didática, reforça a resistência, trata-se, para Lacan, de "desconcertá-la". Assim fazendo, ele aplica à duração da sessão as observações técnicas de Freud sobre o "momento oportuno", elas mesmas podendo ser relacionadas à tradição moralista e política de reflexão sobre o *kairos*.

A invenção, em 1945, da dialética temporal do tempo lógico permite que Lacan enode os três polos (individual, social e estrutural) colocados

---

[125] J. Lacan. *De la Psychose paranoïaque dans ses rapports avec la personnalité*, Paris, Seuil, 1975, p. 279-80 e p. 313-314.

[126] J. Lacan, "Au-delà du "principe de réalité"", em *Écrits*, *op. cit.*, p. 85.

[127] S. Freud. "Les voies de la thérapie psychanalytique", OC XV, *op. cit.*, p. 106.

no princípio de uma compreensão da psicose e dá um fundamento teórico à manobra do tempo[128]. Mas também responde à questão de 1936: "Através das identificações típicas do sujeito, como se constitui o *eu* [je] em que ele se reconhece?" Com os termos dessa temporalidade, Lacan pode então reelaborar o momento do espelho como "formador da função do Eu [*Je*]", como se manifestasse "a matriz simbólica em que o *eu* [je] se precipita numa forma primordial, antes de se objetivar na dialética da identificação com o outro e de a linguagem lhe restituir no universal sua função de sujeito[129]". Logo, o "Tempo lógico" permite que Lacan passe do primeiro ternário da tese ao ternário Simbólico, Imaginário, Real. Ao enodar Simbólico e Imaginário, o texto permite distingui-los, e até, a se crer no que diz Lacan em 15 de junho de 1955, ele foi feito de propósito nessa intenção... Mas ele também permite, com "a ligação própria do ser humano ao tempo que é a pressa", enodar a fala, o ato e a verdade. Assim, é possível conceber por que Lacan jamais cedeu na técnica fundada por essa elaboração e por que uma releitura, talvez até uma reescrita do "Tempo lógico", o acompanharam até o fim[130].

O sofisma dos prisioneiros do "Tempo lógico" permite esclarecer coordenadas da questão técnica que vão ser determinantes para além da própria técnica. Esse texto busca a "forma lógica de toda assimilação "humana" uma vez que ela se coloca como "assimiladora de uma barbárie". Lacan confiou isso à revista *Les Cahiers d'art* que traz na capa o parêntese de números 1940-1944. Em 1946, nas jornadas psiquiátricas de Bonneval, ele confessa ter tido a fantasia de ter a mão cheia de verdades para melhor fechá-la sobre elas; ali reconhece uma "fraqueza ao que de nós exige o movimento do mundo" nesses anos de "humilhação de nosso tempo, sob os inimigos da espécie humana[131]". O movimento que, nos anos cinquenta, leva Lacan a repensar as condições e as finalidades da formação do psicanalista é inseparável de três coisas: o processo iniciado por ele contra os "modernos técnicos" da psicanálise que se protegem com estardalhaço por trás da primazia da técnica

[128] J. Lacan, "Le temps logique et l'assertion de certitude anticipée", em *Écrits, op. cit.*, p. 197-213.
[129] J. Lacan, "Le stade du miroir comme formateur de la fonction du Je", em *Écrits, op. cit.*, p. 94.
[130] E. Porge, *Se compter trois. Le temps logique de Lacan*, Toulouse, Érès, 1989.
[131] J. Lacan, "Propos sur la causalité psychique", em *Écrits, op. cit.*, p. 151.

sem reavaliar seus fundamentos, a restauração da verdade da experiência que a nova técnica desconhece, o empreendimento de formalização pelo qual a psicanálise vai encontrar seu lugar e cumprirá sua responsabilidade nas ciências e do ponto de vista da subjetividade moderna. Nossa hipótese foi que a iniciativa de instituir uma formação profissional dos psicanalistas era determinada por certos efeitos da Primeira Guerra Mundial; parece-nos igualmente necessário reconhecer que Lacan está determinado, ao amarrar essas questões, pela especificidade da Segunda Guerra Mundial. Pedra angular que abre a possibilidade de introduzir a heteronímia do Simbólico, "o Tempo lógico" também traz a dimensão do ato. Ele é o índice do lugar mantido na elaboração de Lacan pelo acontecimento do pior no século; ele antecipa sua maneira de receber e construir uma questão insistente: a psicanálise pode se orientar, em sua clínica, sua teoria e seu coletivo, com o real da estrutura desnudada pela Shoah[132]?

A posição paradoxal de Lacan em relação à técnica e à ciência deve ser relacionada a essa determinação. Salvar a técnica do tecnicismo, salvar a ciência do positivismo não ocorre sem interrogar o "cruzamento" delas com as formas modernas da eugenia e o "rosto duro da exploração capitalista". No Relatório de Roma, Lacan distingue e põe em série três relações paradoxais da fala e da linguagem no sujeito com os quais a psicanálise está às voltas em seu domínio: a economia neurótica do sintoma, da inibição e da angústia, a alienação da loucura, a alienação do "sujeito da civilização científica[133]". Ele sublinha a proximidade dessas duas últimas alienações e a "responsabilidade temível" do psicanalista quando, com uma manipulação da doutrina, ele dá uma oportunidade a mais de alienação no Eu [*Moi*]. O risco assumido em promover o Eu [*Moi*] é correlacionado por ele tanto à livre empresa de que ele é a "teologia", quanto a um "empreendimento técnico em escala planetária". Ao realizar o homem como indivíduo, redutível ao indivíduo biológico, por certo liberto mas fadado a uma "galera social", a promoção do Eu [*Moi*] torna paradoxalmente o homem moderno mais

[132] E. Brainin e I.J. Kaminer, "Psychanalyse et national-socialisme", em *Psyché*, 1982, trad. A.-L. Stern em *L'Écrit du Temps*, nº 6, Paris, Minuit, 1984. A.-L. Stern, "Sois déporté… et témoigne! Psychanalyser, témoigner: *double bind?*", *Carnets de l'École de psychanalyse Sigmund Freud*, nº 18, 1998.

[133] J. Lacan, *Écrits*, *op. cit.*, p. 280-82 e 286.

próximo do "dilaceramento original" que Freud formula com a pulsão de morte, sempre mais ameaçado pela objetivação perseguida pela técnica científica[134]. A noção de uma alienação específica do sujeito da civilização científica retoma em 1953 uma reflexão recorrente de Lacan nos anos após a guerra. Ela abre uma versão do mal-estar na civilização que não recobre estritamente a versão freudiana se levantarmos a hipótese que as três relações paradoxais da fala e da linguagem na neurose, na loucura e na civilização científica podem ser relacionados aos três modos de negação (recalque, foraclusão, desmentido) pelos quais a verdade se deixa entender. Logo, o laço social não é para Lacan a questão de um reconhecimento profissional (versão, lado analista, da adaptação); ele é uma questão colocada à psicanálise em sua clínica, sua teoria, sua técnica, seu modo próprio de instituir um coletivo. Se o analista deve poder encontrar a subjetividade de sua época, o horizonte da "facticidade, real demais real", dos campos de concentração serve, como o tempo, de "pedra angular".

Essas coordenadas dadas por Lacan à questão técnica esclarecem a proximidade e a distância de sua posição com a questão construída por Heidegger, através da linguagem, para fundar no desvelamento da verdade da técnica uma relação livre com ela. A questão de sua conferência de 1953 é entender, no próprio lugar do "elemento monstruoso" que faz da técnica moderna o maior perigo, o que pode salvar desse perigo[135]. Ele acaba com a oposição aparente entre a *technè*, no sentido da fabricação artesanal, e a *phusis*, no sentido em que a flor se forma sem passar pelo artesão ou o artista. Essas duas modalidades, que fundam os dois paradigmas antitéticos dos discursos de formação, são subsumidos sob a categoria da *poiêsis*, a produção, ela mesma resultando do movimento de desvelamento da verdade (*alêtheia*). As quatro modalidades da *aition*, das quais a tradição filosófica fez as quatro "causas", valem tanto pela natureza quanto pelo ofício. Heidegger segue a mesma linha para subsumir sob a categoria de um "destino de desvelamento", "concedido" ao homem, o modo antigo da *poiêsis* e o modo moderno da "Armação"* *(Gestell)* no qual o homem, num processo de acumulação, é

[134] J. Lacan, *Écrits, op. cit.*, p. 122-124, 192, 335.

[135] M. Heidegger, "A questão da técnica", em *Essais et conférences*, Paris, Gallimard, 1958.

* Em francês, *Arraisonnement.* Também traduzido em português por "montagem", "composição", "arrazoamento". (N.T.)

"instado" a "cometer o real como fundo" *(Bestand)*. Contra a noção aceita de que a técnica moderna é uma aplicação, eventualmente abusiva, da ciência, ele ressalta que a física moderna, em que a natureza é "cometida" a responder enquanto sistema de informações calculáveis, já obedece, antes mesmo da menor aplicação, ao modo da Armação. A ambiguidade da essência da técnica, desse destino de desvelamento que pode levar o homem a velar pela verdade ou a velá-la ao entrar no "movimento furioso do cometer", resulta da própria ambiguidade do movimento de desvelar e de ocultar a verdade. A meditação, a interrogação, essa "piedade do pensamento", ao encontrar a "coisa poética" que foi o nome próprio do desvelamento, podem salvar do perigo trazido pela própria ambiguidade da verdade.

O essencial da elaboração por Lacan da questão técnica na prática psicanalítica já está efetuado quando a conferência de Heidegger é publicada, depois traduzida. Considerando os acentos heideggerianos da primeira referência à verdade para pensar o Simbólico, não será surpresa a proximidade entre a meditação heideggeriana e a reformulação operada por Lacan da técnica analítica como "técnica de fala". Se essa expressão, que corrige em 1956 a de "arte da fala", convém, não é só em razão da regra fundamental proposta ao analisando mas porque o analista não só "traz" essa fala, mas que ele joga com o poder de ressonância das palavras e que ele pontua o texto do analisando para fixar seu sentido. Ensinar e aprender essa técnica exige "a assimilação profunda dos recursos de uma língua", aqueles realizados em particular nas obras poéticas, notadamente na "poética da obra freudiana". Mas a distância permanece essencial com Heidegger. Este se estende pouco sobre o risco que o homem, cometido ao desvelamento do "real como fundo", considera o próprio "material humano" como fundo. No forçamento da palavra *Gestell* para dizer essa operação, não falta no entanto notar que esse termo que ele convoca *(Stell, stellen)* vale tanto para as medidas de controle policial ("parar alguém na rua para lhe pedir contas") quanto para as operações da ciência que visam dar conta[136]. Lacan, por sua vez, denuncia a técnica do "*human engineering*"; lembra "o humor swiftia-

[136] M. Heidegger, art. cit., p. 26 e nota.

no" de Georges Canguilhem a esse respeito[137]. Ele não busca subsumir esses modos de armação sob alguma essência da técnica. Nesse sentido, a questão técnica nele manifesta antes uma extrema tensão entre a exigência científica de formalização do saber e a exigência de verdade.

Essa tensão pode explicar um aspecto tanto do conflito com a IPA acerca da técnica quanto da nova cisão provocada pela eliminação de Lacan da lista dos didatas. Ao mesmo tempo que sua técnica, intolerável à ortopraxia da IPA, algo da elaboração teórica de Lacan foi rejeitado. Diz respeito menos à sua elaboração do sujeito do significante, talvez tolerável pelo pluralismo doutrinal, que à sua posição quanto à verdade. Há algo a ser ouvido na suspeita trazida pelos "modernos técnicos" da IPA sobre o carisma de Lacan e sobre a singularidade de sua posição de mestre. Lacan, por sua vez, censurou-lhes o tecnicismo ritualizado e os embaraços teóricos deste (a propósito da contra-transferência e da interpretação em particular) de evitar "considerar a ação que cabe [ao analista] na produção da verdade". Escreveu que, ao pontuar a dialética em ação na fala do analisando, o analista é "o mestre da verdade de que esse discurso é o progresso[138]". Com a inscrição da técnica no registro da *poiêsis* da verdade, Lacan dá corpo à volta de uma das figuras de "mestre de verdade" da pré-história de Parmênides[139]? O acento colocado no manejo da "função poética da linguagem", no "relevo de oráculo" da intervenção interpretante, de fato não deixa de evocar a fala eficaz, do ponto de vista da verdade, do poeta, do adivinho e do rei de justiça desse tempo de antes de uma laicização da fala ter vindo colocar no lugar deles, não sem resto, uma reflexão filosófica sobre o *logos* e a *alêtheia*. No mesmo momento em que Lacan inicia a formalização que vai permitir que ele desfaça a "colusão" do psicanalista com a verdade e sua confusão com o grande Outro, a IPA estreita de maneira inquisitorial a avaliação de sua técnica[140]. A espécie de fascinação por um mestre fantasiado da verdade,

[137] J. Lacan, "La science et la vérité", em *Écrits, op. cit.*, p. 859. G. Canguilhem, "Qu'est-ce que la psychologie?", 1958, nova publicação em *Cahiers pour l'analyse*, 2, 1966.

[138] J. Lacan, *Écrits, op. cit.*, p. 313 e 332.

[139] M. Detienne, *Les maîtres de vérité dans la Grèce archaïque*, Paris, Maspero, 1967.

[140] É. Roudinesco, *op. cit.*, p. 328-377. O Comitê *ad hoc* designado para investigar a situação da SFP formulou em intenção de seus membros, em agosto de 1961, as "Recomendações" de Edimburgo em vista de tornar a formação conforme ao padrão e de afastar dela Lacan e Dolto, na **Excomunhão*, documentos editados por J.-A. Miller, suplemento a *Ornicar?*, nº 8, Paris, 1977, p. 19.

em ação na investigação e na rejeição final, contribui para fixar mais de um na mesma fascinação pelos fatos, gestos e palavras de Lacan.

A elaboração de *das Ding* permite que no lugar das imagens artesanais herdadas de Aristóteles para pensar o mundo Lacan coloque a criação (... e a formação!), um processo de criação no qual o secular jarro do ceramista, retomado por Heidegger em seu texto, deve antes ser entendido como "um objeto feito para representar a existência do vazio no centro do real que se chama a Coisa[141]". O ceramista, como os analistas, "cria o jarro em torno desse vazio com sua mão"; o jarro é um "significante moldado". Às quatro causas do modelo tecnológico é preciso acrescentar o vazio. No mesmo ano, redigindo sua "Observação sobre o relatório de Daniel Lagache", Lacan pode encerrar o período em que precisou "desobstruir o imaginário como prezado demais na técnica": "Não estamos mais nessa." O próprio termo técnica agora só aparecerá raramente em seus escritos. A reescrita de uma passagem de "Variantes da cura-tipo" confirma que a questão da ética do discurso substituiu a questão técnica. Ao "respeito por certas formas técnicas, reconhecidas necessárias por todo analista para além das variantes da cura" da primeira publicação, Lacan substitui em 1966 "o rigor de certo modo ético" e a exigência que ele traz de uma formalização no lugar de um formalismo prático[142]. Entretanto, Lacan vai ter que passar por uma certa depreciação da verdade e pela distinção de suas diferentes determinações para articular a junção específica do discurso analítico a ela[143]. Nesse caminho, o seminário dedicado, após a expulsão, aos conceitos que fundam a psicanálise como *práxis*, permite que ele extraia duas noções decisivas que o deslocam daquilo que foi sua resposta ao tecnicismo da IPA a partir de uma posição de mestre de verdade. O "poder do praticante", que arrisca fazer com que entendam como impotência o "impossível" da psicanálise segundo Freud, cede a vez à interrogação sobre o desejo do analista. À questão que lhe é colocada em janeiro de 1964 em Roma, no colóquio organizado por Enrico Castelli: "Em que medida o desejo do analista faz a técnica analítica entrar no mundo

---

141 J. Lacan, *Le Séminaire*, Livre VII, *L'Éthique de la psychanalyse*, Paris, Seuil, 1986, p. 146-147.

142 J. Lacan, *Écrits, op. cit.*, p. 324.

143 F. Balmès, "La vérité décriée", em *Rue Descartes*, nº 24, Paris, PUF, 1999.

das técnicas?", Lacan responde: "São duas coisas heterogêneas[144]." Com o "sujeito suposto saber", o lugar do analista na transferência será correlato à suposição de um sujeito ao saber inconsciente e ao objeto *a*. O fato de sua verdade de sujeito, mesmo em posição de mestre, ter surgido para Lacan no objeto "negociado" que ele foi, não é estranho a esse deslocamento[145].

A fundação da escola

Em agosto de 1963, o Comitê Executivo da IPA excluiu Lacan da formação: ele "daqui por diante não é mais reconhecido como analista didata[146]". Em 19 de novembro de 1963, a assembleia geral da SFP confirma essa decisão e as medidas que ela determina quanto aos analisandos em formação com ele. No dia seguinte, Lacan suspende, após uma primeira e única sessão, o seminário "Os Nomes do pai". Dois meses mais tarde, "refugiado" na VIª seção da École pratique des hautes études, ele inicia o novo seminário com estas questões: o que aproxima e distingue a psicanálise de uma ciência, de uma religião, de uma pesquisa, de uma alquimia? Que conceitos (talvez "conceitos em formação"?) a fundam como *práxis*, isto é, como operação suscetível de "tratar o real pelo simbólico[147]"? Ele coloca o "fato" de sua expulsão na entrada de sua questão e a interpreta como uma excomunhão maior"; ele a relaciona ao *ẖerem* pronunciado contra Espinosa, ao qual acrescenta o sem volta de um *shamta*. Lacan está proibido de exercer a função didática, seu nome deve ser apagado da lista dos didatas. Não está, no entanto, desqualificado como psicanalista nem proibido de qualquer ensino; logo, no sentido estrito, não é posto fora da comunidade dos analistas. Ele no entanto dá ao que seria, na Igreja, uma interdição disciplinar, a gravidade de uma medida que põe fora de sacramento e fora de ritual e, no caso do *ẖerem*, proíbe ouvir e ensinar a *Torah*; logo, uma medida que atinge a própria

144 J. Lacan, "Du *Trieb* de Freud et du désir du psychanalyste", em *Tecnica e casistica*, Padova, 1964, p. 55. O artigo é retomado em *Écrits, op. cit.*, p. 851-854.

145 J. Lacan, *Le Séminaire*, Livre XI, *Les Quatre Concepts fondamentaux de la psychanalyse*, Paris, Seuil, 1973, p. 10.

146 *L'Excommunication, op. cit.*, p. 82.

147 J. Lacan, *Le Séminaire*, livre XI, *op. cit.*, p. 7-17.

essência do laço de um sujeito com Deus e com a comunidade. Qual é a verdade dessa inexatidão que, *a posteriori*, vai para ele e seus alunos tomar valor de mito fundador?

Lacan "devotou [sua] vida" a um ensino orientado e determinado pela formação de psicanalistas; sua "volta à Freud" não é apenas uma operação formal, é uma prática real, indissociável de uma prática de formação. Sua repugnância à cisão de 1953 e seu apoio à negociação para a filiação da SFP mostram a importância para ele da inscrição dessa prática na instituição querida por Freud para abrigar a doutrina. Nessa prática, e isso desde o início ainda que no mal-entendido, ele recusou a clivagem entre a psicanálise dita terapêutica e a psicanálise dita didática, bem como não se submeteu ao regulamento que proibia aos analisandos o acesso ao ensino. Se a eliminação toca seu ser de sujeito ao fazer surgir *a posteriori* o objeto "negociado" que ele foi, ela o atinge como psicanalista em sua prática e em seu laço com a comunidade e a tradição. Se, do ponto de vista da clivagem institucional, falar de excomunhão é inexato, é verídico do ponto de vista da posição real e da prática de Lacan.

Durante a sessão do seminário inédito "Os Nomes do pai", Lacan valorizou, com o não sacrifício de Isaac, "o caráter mordaz entre o gozo de Deus e o que de uma tradição o designa como desejo". Inscreveu nessa tradição o seminário que não vai acontecer. Pelo *ḫerem* de que foi objeto, Espinosa foi rejeitado dessa tradição; como outros heréticos (a *pertinácia* deles é testemunha disso), não deixou de querer essa separação; não foi fundador e, estritamente falando, não fez escola. No suspense que se segue à expulsão, Lacan abre e fecha com ele esse seminário, como havia feito para sua tese. Em 1932, ele tinha por referente a uma proposição da *Ética* o "desacordo" específico da psicose; em 1964, ele interroga o desejo específico do analista do ponto de vista da posição excepcional de Espinosa para com o desejo humano. Mas seu ato de fundar uma escola está mais próximo do gesto clássico do herético que, ao decidir tomar a verdade por uma ponta singular, entende voltar à letra do texto contra o desvio operado pela instituição. Lacan escolhe prosseguir sua tarefa de formação, uma "tarefa em progresso" inseparável de sua volta à ortodoxia freudiana, uma tarefa que o fez herético da instituição no sentido das heresias modernas, mais eclesiológicas que teológicas.

Tanto em seu projeto de organização dos estatutos em 1953 quanto nos textos dos anos 50, a referência de Lacan a um "Instituto ideal" segundo Freud diz sobretudo respeito ao programa de ensino. Em 21 de junho de 1964, no final do seminário sobre os conceitos que fundam a psicanálise, ou seja, no final de um tempo que assume valor de "moção suspensa" no sentido do "Tempo lógico", Lacan funda a Escola Freudiana de Paris, quatro semanas depois da constituição secreta da Associação Psicanalítica da França. Ele funda só; a expulsão de fato o deixou só, até do ponto de vista do trabalho de reflexão em curso no Grupo de estudo da psicanálise. O texto impresso sob o título "Ato de fundação" inscreve institucionalmente as consequências da volta a Freud em matéria de formação. Ele desfaz duas clivagens, que na verdade são apenas uma. A separação entre as duas associações da Sociedade Psicanalítica de Paris, a Sociedade dedicada aos intercâmbios científicos e o Instituto encarregado da formação, de fato é a tradução institucional da clivagem entre psicanálise terapêutica e psicanálise didática que, por outro lado, organiza a hierarquia tanto entre os membros da Sociedade quanto entre eles e os analistas em formação que fazem antecâmara no Instituto. Freud tentara superar as clivagens entre curar, procurar e aprender. Lembrara que o procedimento analítico é o único em que se efetua o "precioso encontro" delas. Também lembrara, contra os hábitos tomados, que a verdadeira linha de partilha passa entre a psicanálise científica e suas aplicações, médica ou não médica. Fracassara.

Lacan funda uma única instituição cujo objetivo de trabalho não pode ser desligado da formação a ser dispensada[148]. Ela está aberta a não-psicanalistas; no plano associativo, compreende apenas uma categoria de membros. As três seções que ele ali constitui, e não só a primeira, que parece herdar "a" didática, têm cada uma esses dois objetivos de trabalho e formação. A divisão entre as duas primeiras seções é tão sutil quanto a divisão operada por Freud em 1926 ao tentar desfazer a clivagem instituída em Berlim, depois padronizada. A primeira seção é dita de "psicanálise pura, ou seja, práxis e doutrina da psicanálise propriamente dita". Logo, inclui a prática e a doutrina *da* psicanálise, pois só há uma. Freud insistia:

[148] J. Lacan, *Acte de fondation*, Annuaire de l'École freudienne de Paris, 1965.

o traço mais "nobre" e mais "agradável" (*erfreulichste*) do trabalho analítico é o "ganho científico" (*wissenschaftlicher Gewinn*): o que ali se descobre, o que ali se aprende; o saber que ali se constrói, tanto para o analista quanto para o analisando. Esse traço faz que a análise enquanto tal é didática. Entre "todos os desfechos da didática", existe um que a constitui como formação do psicanalista. Os "problemas urgentes" relativos a todos esses desfechos requerem ser confrontados com aqueles que têm experiência com "a" didática; trata-se de esclarecer, tanto pela doutrina quanto pela experiência adquirida, o que constitui a práxis da "psicanálise pura" como formação. Nessa práxis, Lacan inclui a cura, os efeitos de ensino e o controle.

Se a práxis analítica, num precioso encontro, ensina e trata num mesmo movimento, se uma análise também é uma cura, convém trabalhar e (se) formar nessa dimensão. As categorias e as estruturas que sustentam a práxis freudiana serão postas à prova no exame clínico, nas definições nosográficas e nos projetos terapêuticos a fim de operar uma crítica das indicações da psicanálise aplicada à terapêutica. A doutrina da cura e de suas variações e uma casuística serão, com uma informação psiquiátrica e uma prospecção médica, o objeto da segunda seção.

O "tremor" operado por essa partilha em relação à clivagem instituída pela IPA não é estável. Ele retoma a maneira como Freud, em Budapeste, distinguia "o ouro puro" da psicanálise das alianças que ela deve fazer em sua aplicação terapêutica; mas, embora separe essas duas dimensões, Lacan nem por isso distingue dois tipos de análise. Como "ouro puro", como "técnica pura", segundo sua expressão de 1949, "a psicanálise pura não sendo em si mesma uma técnica terapêutica", a qualificação médica não é portanto exigida para fazer uma análise que poderá ter como desfecho a formação de um psicanalista. Pela primeira vez, uma instituição se propõe a sustentar radicalmente a psicanálise como leiga.

A terceira seção de "recenseamento do campo freudiano" deve permitir, ao articular a psicanálise com as ciências afins, atualizar os princípios dos quais ela pode receber um estatuto na ciência; estatuto que implica não fazer disso uma experiência inefável. Mas se essas ciências introduzem a experiência analítica e sua comunicação, a psicanálise também deve poder, por seu modo próprio de tratar a teoria, isto é, por uma "práxis da teoria" que reconhece a articulação do sujeito com o saber, endereçar-se a essas ciências e à possível "deriva política" destas. Essa seção inclui um comentário contínuo do movimento psicanalítico.

O texto de fundação propõe, com essas três seções, uma distribuição do trabalho e da formação de modo a que sejam "indissolúveis" um do outro. A escolha desse termo, ali onde se esperaria "indissociáveis" e onde se pode pensar num lapso, sublinha a qualidade do laço entre esse objetivo e essa tarefa: como a cadeia e a trama de um tecido, eles são impossíveis de desligar sem desfazer o tecido da escola. Essa distribuição vale para aqueles que "formam" e aqueles que "se formam", que têm a mesma qualidade de "membro", ela não regulamenta nada: nem uma seleção, nem um currículo, nem a técnica (cujo termo só tem uma ocorrência no texto), nem a autorização de exercer a psicanálise. Nenhum "liberal" tinha até ali imaginado uma desregulamentação assim; exceto Freud. A organização proposta por Lacan "considera inúteis simples hábitos". É assim que ele decide, semanas após a fundação, quanto à inquietude e às questões daqueles que, embora tivessem escolhido seu ensino, ainda estão regidos por esses hábitos. Ele a isso responde pela *Nota adjunta* e o *Preâmbulo*[149].

A *Nota adjunta* precisa algumas consequências dessa desregulamentação, da tentativa de instituir essa formação a respeito da qual Lacan escrevia a Serge Leclaire: "Durante dez anos, fiz tudo para edificar por inteiro uma nova formação analítica, uma formação que não fosse mentirosa[150]." À mentira, e à regulamentação que a inscreve, ele opõe fatos (assim, o "fato" da didática que sempre autoriza *a posteriori* o didata), responsabilidades (a da Escola e a do praticante iniciante para os controles), um comprometimento de trabalho na Escola e na psicanálise. Também indica pontos em suspenso: assim, a qualificação de uma psicanálise como didática. Voltaremos mais adiante a esses pontos. O *Preâmbulo* precisa o lugar do ensino de Lacan: dando alguma garantia à decisão de seu ato, ele prosseguirá fora da Escola. O texto também sublinha a responsabilidade assumida pela psicanálise ao participar da "onda de uma psicoterapia associada às necessidades da higiene social", ou seja, sua responsabilidade do ponto de vista do mal-estar na civilização.

---

[149] J. Lacan, Annuaire de EFP, 1965.

[150] É. Roudinesco, *op. cit.*, p. 346.

Assim, Lacan fundou uma escola. Ainda que o termo formulado por Freud, *Hochschule* (alta escola), possa ter funcionado, à sua revelia ou não, Lacan relaciona antes essa escolha aos tempos antigos. Antes de a palavra vir designar o lugar onde se ensina um saber, uma doutrina, e a reunião de pessoas em torno de um mestre ou de um estilo, a *schola* latina e a *scholê* grega traziam a significação de um tempo de descanso, de lazer, de vacúolo na obrigação premente da cidade, depois significaram o estudo que merecia ocupar esse tempo: estudos liberais. Ao se oporem ao *negotium*, podiam servir de refúgio contra o mal-estar na civilização. Mas o fato de Lacan ter-se ele próprio refugiado, para seu ensino, numa escola "prática", organizada em "seções", concebida em sua fundação como um "grande laboratório" suscetível de reatar com o espírito científico e crítico dos séculos XVI e XVII contra o ensino retórico da Universidade, não deixou de atuar na escolha do termo "escola"[151]. Levantamos em outra obra a hipótese segundo a qual a resposta de Lacan à sua rejeição pela IPA do campo da formação também traz a marca, talvez a lembrança, da iniciativa de Georges Bataille no outono de 1942[152]. Ele havia proposto a alguns amigos organizar uma escola tendo por modelo a École des Hautes Études. Tendo por horizonte a "infelicidade ilimitada" que se precisava, ela devia permitir fundar em conceitos e comunicar "a experiência interior", uma experiência suscetível de resistir à fascinação do sacrifício.

Essas referências mostram o tamanho da ambição, das promessas e dos escolhos dessa fundação. Podem ser lidos na insistência e na equivocidade dos dois termos "trabalho" e "crítica". Objetivo da escola, objeto de contrato e compromisso, o trabalho é tomado em seu sentido científico, incluindo, portanto, sua comunicação e sua publicação. Mas essa noção, no campo freudiano, é inseparável do emprego por Freud do termo *Arbeit* para designar o trabalho do sonho, do luto. Não é mais possível ignorar as formas modernas de sua exploração e as piores sujeições ideológicas da noção. A noção de "crítica" deve ela própria ser entendida em sua referência à disciplina autônoma, constituída no Renascimento e tornada constituinte, talvez até

151 J. Le Brun, "Expérience, travail, critique" em *Cahiers pour une école*, nº 1, 1998.

152 A. Tardits, "Communauté d'expérience, communauté de savoir", em *Essaim*, nº 1, Ramonville Saint-Agne, Érès, 1998.

prévia, de toda prática científica dos textos. A referência é recorrente em Lacan. Para definir a "revolução inapreensível mas radical" do freudismo, ele a aproxima, através da figura de Erasmo, da modificação das "amarras do ser" que a "conversão dos procedimentos da exegese"[153] pôde produzir. Nessas duas revoluções, ele foi tocado na relação do homem com o significante. Pelo *ẖerem* pronunciado contra Espinosa, as autoridades comunitária e rabínica de Amsterdã rejeitaram seu método crítico para com a Bíblia. Afirmar a validade do exercício da razão e de uma iniciativa científica diante de um texto questionava a Revelação e seus intérpretes autorizados. Mas no texto de fundação, a noção de crítica é associada àquela de "controle" que traz o mesmo equívoco que "trabalho" entre as significações científica, social e analítica do termo. Enfim, o julgamento e a escolha, talvez até o lado mordaz da separação, implicados pela atividade crítica (*krinein*), são vizinhos do sentido corrente de condenação igualmente em jogo na denúncia dos desvios doutrinais.

Esses equívocos estão no princípio de certos "escolhos" intimamente ligados às "promessas" de fundação. Se a transferência, constitutiva da análise também é fonte de resistência, fechamento do inconsciente, é na medida em que o sujeito ali chama o analista para encarnar tanto o significante ideal em que ele pode ser identificado, quanto o mestre do saber e da verdade. Esse voto acaba sendo satisfeito quando a instituição analítica se organiza no modo das multidões convencionais (a Igreja e o Exército) que Freud analisou com a estrutura da hipnose. Um mesmo objeto, uma abstração, são colocados nesse lugar de ideal, um *líder* que pode se prestar de bom grado a essa encarnação. Em 1956, Lacan relacionou o mal-estar da comunidade analítica a essa estrutura de grupo e por vezes o imputou a algum querer de Freud. Mas a fundação da escola tem todas as chances de colocá-lo nesse lugar. Duas metáforas um pouco guerreiras do texto desenham até uma figura inesperada da conjunção da transferência e do domínio: se considerarmos que a escola é "base de operação" não mais contra o mal-estar na civilização mas num "movimento de reconquista", um *líder* poderia querer cumprir essa missão como analista e chefe de um exército

[153] J. Lacan, *Écrits*, *op. cit.*, p. 527.

de "trabalhadores decididos"! Vimos que Freud, em 1926, tentou se opor aos efeitos da instituição que ele havia querido. Lacan tentará preservar a escola desses escolhos: tanto pela elaboração do desejo específico que leva o analista a desfazer a conjunção, em que ele é chamado pelo analisando, da transferência e do domínio, quanto pela instalação de dois dispositivos de escola concebidos para evitar esses escolhos. As relações paradoxais do sujeito com o desejo e o saber não deixam de ter efeitos na instituição e, em retorno, a instituição pode ser obstáculo ao tratamento deles na análise. Aos reconhecerem as conexões do pensamento ao desejo e o desfecho singular à transferência que é o desejo do psicanalista, os dispositivos do cartel e do passe iam tentar suportar outra formação do psicanalista[154].

154 Para a história da EFP, ver É. Roudinesco, *op. cit.*, p. 381-483 e 635-677.

5

A FORMAÇÃO DE ESCOLA

Para extrair a lógica da nova formação que Lacan esperava de sua escola, "uma nova formação que não fosse mentirosa", tomamos o partido de seguir ao pé da letra a distribuição operada pelas três seções da Escola Freudiana de Paris. Essa distribuição não distingue o trabalho, a pesquisa e a formação; não retém a diferença ressaltada pela formação profissional entre formação inicial e formação contínua. Em 1965, os cartéis foram inscritos no catálogo conforme as seções; os trabalhos preparatórios para as primeiras jornadas de estudo de 1966 foram reunidos de acordo com a mesma classificação.

Os saberes afins

Em 1953, o mal-estar na formação não estava reservado à França, nem localizado apenas nas discórdias de poder; ele atingia a própria transmissão do saber. R.P. Knight o relacionava à ausência de um mestre, ao número de candidatos, à mediocridade destes: não leem, querem logo acabar a formação, interessam-se mais pela clínica que pela pesquisa e a teoria[155]. Lacan

[155] R.P. Knight, "Conditions actuelles de la psychanalyse aux Etats-Unis", *J. am. Psychoanal. Ass.*, 1953. Citado por Lacan em *Écrits, op. cit.*, p. 356. As referências aos *Escritos* serão dadas no texto (É. 356).

não recusa essas observações de Knight, mas para ele elas não identificam a raiz do mal em sua gravidade: o saber "pré-digerido" ensinado nos institutos não tem valor formativo; comprometida com uma sistematização mais que com uma verdadeira formalização, sua transmissão tem efeitos de "desintelectualização". Logo, o saber permanece submetido aos efeitos de captura do imaginário, mais interessado no "depósito" da experiência que em sua "força"; qualquer um pode "caçar ali sem licença, como bem entender", a técnica fica corroída. Essa captura se deve em particular à procura, em que se perderam os analistas, de um mais além do discurso, fazendo do imaginário a norma do real ali onde Freud se esforçou para distinguir os dois ao subordinar o imaginário à determinação simbólica. Desconhecer essa determinação produz um analfabetismo: às figuras maiores do inconsciente (a palavra-por-palavra da metonímia, a uma-palavra-pela-outra da metáfora) e à sintaxe da frase da fantasia, que só elas saberão "arrancar o augúrio a seu desejo de entranhas", são preferidas as fantasias psicológicas variáveis conforme os efeitos de moda. Para Lacan, as escolhas institucionais dos anos 20 são responsáveis pela renúncia a fundar em razão a especificidade da psicanálise tanto no sistema das ciências quanto nas práticas de cuidado. As tendências "biológicas" ou "culturalistas" da teoria desconhecem que os conceitos da psicanálise não encontram fundamento na biologia ou na sociologia, muito embora esses domínios estejam em seus confins. Se perdermos de vista que essa experiência, cujos termos mais vivos são o inconsciente e a sexualidade, baseia-se na fala e que ela se mantém, como sublinhava Freud, no "abismo que separa o corporal do psíquico", não podemos fundar a alteridade da psicanálise, o que é necessário a seu reconhecimento, nem permitir que a teoria seja extraída da captura por uma clínica do olhar.

Num mesmo movimento, Lacan vai relacionar ao efeito de linguagem os conceitos, já "poderosamente articulados entre eles" por Freud, que fundam a técnica e constituir, na formação, "o espírito de uma tradição". Se a cura é uma prática de leitura e escrita do texto inconsciente trazido pela fala do analisando, a formação do analista não pode desconhecer o que a verdade do inconsciente deve à "letra da linguagem" nem que, em consequência, "o registro da verdade deve ser tomado ao pé da letra" (E.364 e 467). É verdade que o analista aprende isso em sua própria análise, mas é essencial a seu saber que ele seja instruído do saber e do *savoir-faire* de outras práticas da letra. Da mesma maneira que não se faz álgebra sem saber escrever, operar com o simbólico implica saber o que são um fato de língua e um fato de escrita.

O princípio de estudos "liberalmente concebidos", sustentado por Lacan em 1953, podia causar equívoco. Podia-se ali entender uma posição liberal para com a regulamentação autocrática do currículo pelo qual "é formado" o analista[156]. Entretanto, o acento era colocado na "disciplina" que esses estudos, postos a serviço de uma ciência qualificada de "humanista", permitiriam adquirir mais que no livre empreendimento de um "formar-se". Logo, seriam liberais pela referência às "artes liberais" ensinadas na Universidade medieval: o *Trivium* (gramática, retórica, lógica) e o *Quadrivium* (geometria, aritmética, astronomia, música). No Relatório de Roma, Lacan declara estar disposto a endossar as "ressonâncias um pouco desusadas" dessas rubricas às quais Freud se referia na esperança de que a psicanálise permitisse ligar a medicina à *universitas literarum* e à filosofia (E.288). No momento em que ele enfrenta o problema, bem mal iniciado, da formalização que asseguraria à psicanálise seu lugar nas ciências, Lacan efetua, portanto, essa volta às fontes, volta ao que foi "a recriação do sentido humano nos tempos áridos do cientificismo" (E.284-289). A essas práticas da letra, às quais Freud havia acrescentado a mitologia e a literatura, Lacan acrescentará a do sofista, do vendedor ambulante de contos, do talmudista, do poeta, do exegeta, do filólogo. Também se pode convocar a do crítico, do tradutor.

Foi na afinidade aceita com essas práticas que Lacan pôde "autorizar[-se] por um comentário literal de Freud", deixar-se "conduzir pela letra de Freud", sem sacralização nem superstição (E.364). Era o objeto dos "seminários de texto", dedicados à leitura do texto de Freud, que foram uma questão no enfrentamento institucional de 1953, e cujo espírito Lacan manteve num tempo em que as traduções de Freud falhavam ou estavam em falta. No reconhecimento dessas "vizinhanças", Lacan pôde solicitar em seu seminário a presença de linguistas, filósofos, matemáticos, os textos de escritores. Também pôde encontrar ensino em certos textos para introduzir o estudo de noções maiores: Platão e P. Claudel para a transferência,

---

[156] *Sc. 53*, *op. cit.*, p. 54.

Shakespeare para o lugar do desejo, Sófocles para a ética, M. Blanchot para o objeto *a*, Marguerite Duras para o nó da fantasia, James Joyce para o nó do sinthoma. O propósito não era "abrir as mentes" e tornar mais cultos os psicanalistas, formá-los em "humanidades". No entanto, esses motivos não seriam desprezíveis: o "não-saber" cujo lugar é central, tanto na teoria quanto na experiência, não é o "nada do pensamento", a "douta ignorância" não é a "santa ignorância". Mas são menos importantes quanto ao que de fato está em jogo nessas vizinhanças entre o saber do psicanalista e os saberes afins.

Pela escuta do sintoma e do inconsciente, Freud descobriu a razão estrutural pela qual a literalidade de um texto, sagrado ou leigo, cresce conforme seu enfrentamento com a verdade (E.364). Com a cura, o sujeito pode reconhecer, na cadeia simbólica que faz a lei de seu destino e de seu desejo, a "fatia de discurso" de que ele virou "o alfabeto vivo"; pode ver de perto como o real do sexual assume sua parte no efeito de verdade que se abre no inconsciente e no sintoma. Como pensar essa parte? Ali onde Freud falava de abismo, Lacan nota que a causa que suscita o desejo do sujeito só está ligada ao sexo por um "viés esquerdo"; acabará formulando que a relação sexual não pode ser escrita. Se Freud, falando "daquilo que pode" se transmitir da psicanálise, colocava o princípio de um limite na transmissão, esse limite se deve, portanto, menos às pessoas ou ao estado do saber que à aversão do pensamento (inclusive a dos psicanalistas) pelo objeto da psicanálise. Essa aversão se deve ao fato, também sublinhado por M. Foucault, de que fazer o sexual entrar no pensamento leva o pensamento a seu limite. A psicanálise a um só tempo reconhece e tenta forçar esse limite e essa aversão; é com essa tentativa de pensar a incidência do significante sobre o vivo sexuado que Lacan encontra os outros saberes, deixa-se por eles instruir, os utiliza e os interroga.

Os ataques de Lacan ao homem do humanismo podem esclarecer a relação paradoxal e tensa que ele teve com esses saberes: com a figura de Erasmo, ele sublinhou a importância do humanismo em ato (E.527). Ao passar do comentário teológico do Texto ao estudo crítico da letra, ao aplicar uma leitura refletida aos significantes do Texto sagrado, Erasmo subverteu os procedimentos da exegese. Em seu desejo prudente de assegurar uma base estável ao estabelecimento do texto, esse erudito, pouco dado aos engajamentos políticos, revolucionou as relações do homem com aquilo que o dominava. A relação com a autoridade do mestre era modificada; eram afirmadas e postas em prática a validade do exercício da razão diante de um texto, mas igualmente, na instituição, a primazia dessa prática do texto sobre as lições recebidas dos clérigos autorizados. Uma sociedade "horizontal" de humanistas se constituía, a "república das letras", diferente das hierarquias do poder e do saber, e dando-se os instrumentos técnicos de difusão dessas práticas: para ler o texto, é preciso o livro, a publicação rigorosa e precisa do texto. Pois é do interesse de todos a letra do texto e não só seu comentário ou sua colocação em sistema, por mais judiciosos que sejam. Assim, ao modificar tudo o que amarrava o homem, o humanismo contribuía para a formação de uma ciência moderna literalizada, mas também instituía um crédito: dívida, crédito e promessa de fundar no próprio homem uma ética e um governo dos homens. No homem, seja na fala, uma fala que também pode bem ser a da loucura: "É a Loucura que fala", ela diz "eu" [*je*][157]. Nesse momento em que o espaço das ciências ainda não estava formado, em que não era efetuada a grande divisão entre razão e desrazão, o elogio ambíguo da loucura reconhecia a determinação que é a sua no riso, no jogo, na transmissão da vida, na busca dos segredos do universo, na ação e na própria sociedade. Mas o crédito assim instituído foi "irremediavelmente protestado" pelos discursos humanistas ulteriores que não terão sabido articular à fala e às suas leis o destino do homem, a questão encontrada pelo sujeito colocado de uma maneira nova diante do enigma de seu sexo e de sua existência.

Ao escutar o que volta do campo do gozo posto fora de jogo pela ciência, ao tocar, também, na relação do homem com o significante, a psicanálise por sua vez instituiu um crédito. Os psicanalistas saberão não protestá-lo? O longo companheirismo de Lacan com os saberes afins à psicanálise se esclarece pela necessidade de articular a fala e a linguagem às questões do desejo e do ser, ao enigma do sexo, ao real dos homens *e* das mulheres. Assim acontece em seu caminho com os filósofos que estudam a questão do ser, uma questão que o neurótico *é* "ele mesmo por inteiro", da

[157] Érasme, *Éloge de la folie*, Paris, Garnier, 1953, p. 9.

cabeça aos pés, a questão, e a questão formulada[158]".É por aí que o materialismo freudiano, diferentemente do materialismo naturalista, consegue não despojar o sujeito de sua história. Operar sobre o sujeito, do qual a ciência moderna determina um modo específico de constituição, requer articular a verdade, entendida como causa material significante, com o real do gozo e com a letra. Foi o que tentou Lacan nos vinte e cinco anos de seu ensino, a "práxis da teoria" nele operando como ética prevenida do gozo. Restituir a cadeia simbólica que superdetermina o sujeito na dimensão "de história de uma vida vivida como história" é uma das vias que Lacan entende traçar em 1957 para a formação do analista (E.438).

Nos anos cinquenta, já que deixou a exploração da dimensão imaginária do Eu [*Moi*] com a qual elaborou o fator "social" de seu primeiro ternário de 1932 (individual, social, estrutural), Lacan procura fazer a teoria do corte determinado para o sujeito pela heteronímia do simbólico. Assim, elabora o "estrutural" que fazia a visada de sua tese. Para realizar o programa de formalização das dimensões da experiência anunciado no Relatório de Roma, baseia-se principalmente, como fez Lévi-Strauss, na linguística estrutural, mas também na lógica e na matemática. Se as figuras e os tropos da língua são necessários para entender os diferentes modos da defesa, ou seja, da rejeição da verdade, a distinção saussuriana do significante e do significado é o rudimento que se impõe para formar os psicanalistas na problemática da linguagem. Com essa "referência iniciadora", Lacan extrai o inconsciente de uma teoria que o substancializa, rompe com o organicismo, ainda que dinâmico, que obceca a psicologia e volta ao aparelho psíquico tal como Freud o concebe como uma série de inscrições e traduções que só existem pela linguagem. Ao colocar em ordem o sistema fonêmico e sintático da língua, a linguística permite livrar a estrutura de qualquer pensamento; o saber da língua permite que Lacan funde a especificidade do inconsciente freudiano, de suas "formações" (dentre elas o sintoma), da "cultura" que o discurso analítico faz desse inconsciente. Ao formular o laço íntimo do simbólico com a morte, Lacan desfaz o apresamento da pulsão de morte no biológico.

---

[158] J. Lacan, conferência "La psychanalyse et son enseignement", *Bulletin de la Société française de philosophie*, p. 89. Em seu livro *Ce que Lacan dit de l'être*, Paris, PUF, 1999, F. Balmès faz uma leitura crítica de dez anos desse percurso durante o qual Lacan forja algumas noções maiores.

Esse empreendimento de formalização foi sustentado por um "doutrinal de ciência", ou seja, pela "conjunção de proposições sobre a ciência e de proposições sobre o sujeito", incluindo a psicanálise num galileísmo estendido aos estruturalismos contemporâneos[159]. Já em 1953, Lacan sublinhou como a ciência moderna produz um novo modo de constituição do sujeito que ele localizará dez anos mais tarde no *Cogito* de Descartes. Sua conjectura sobre uma ciência moderna literalizada, operando um corte com a *épistèmè* antiga, especifica o sujeito como puro sujeito do significante, dividido de seu "ele mesmo", isto é, entre o significante que o representa e ao que ele se equivale e seu ser, que daí vem e que Lacan aborda com o objeto *a*. É igualmente especificada a alienação particular que resulta da rejeição da verdade e da colocação fora de jogo do campo do gozo que essa determinação efetua. Com a álgebra do sujeito e o *Cogito* de Descartes, ele elabora a suposição de sujeito e de saber em jogo na transferência, a lógica da fantasia que a análise deve construir, a lógica do ato psicanalítico, ou seja, as forças essenciais de uma experiência que leva em conta a determinação significante e o campo do gozo. Com o recurso à lógica matemática e ao "matema", ele escreve os "discursos", nome dado por ele às modalidades de laço social que se especificam de uma certa disposição da estrutura (discurso do mestre, discurso da histérica, discurso da Universidade, discurso do analista e a versão do discurso do mestre constituída pelo discurso do capitalismo). Escreve igualmente as fórmulas da sexuação, ou seja, a escolha que tem o ser falante de se contar como homem ou como mulher do ponto de vista da função fálica e da castração[160].

Não é nem um pouco um paradoxo o longo caminho de Lacan com a letra tê-lo conduzido à tentativa de uma transmissão integral e sem equívoco de um saber elaborado para uma prática que opera com o equívoco. Essas escritas tornaram necessária uma teoria da letra, por muito tempo mantida numa diferença pouco clara com o significante. O confronto com o manejo das letras despertou a questão de sua relação bem cedo reconhecida com o sexual (a carta feminiza), com o corpo (aquele da letra, aquele que escreve);

---

[159] 5. J.-C. Milner, em *Œuvre Claire*, procura extrair-lhe os axiomas. Paris, Seuil, 1995, p. 33-37.

[160] Sobre essas escritas, cf. "Écritures lacaniennes", *Littoral*, nº 36, 1992; J.-C. Milner, *op. cit.*; Ch. Nawawi, "Écritures lacaniennes", *Carnets de l'EPSF*, nº 26-27, 1999.

Lacan acabou fazendo da letra o análogo do *germen* que veicula juntas vida e morte nos corpos[161]. Por um lado, a borda por onde a letra se agarra ao real guiou-o para outra escrita, a escrita do nó borromeano, que, em sua autonomia quanto ao significante, tentaria suportar o real do humano.

É importante notar nesses anos "borromeanos" a volta de uma referência recorrente ao saber da biologia. Esse saber que Freud aconselhava para a formação do psicanalista de certa maneira foi deixado de lado por Lacan nos anos em que o acento colocado na primazia do significante e na ruptura natureza-cultura privilegiava a combinatória significante das trocas sexuadas fundadas na aliança e opostas à geração natural. Entretanto, permanecia aberta a questão quanto ao que o simbólico deve à morte (E.379) e quanto ao que a chegada do significante ao mundo do homem deve à integração das estruturas elementares do funcionamento social à realidade sexual (*Sem.* XI, p. 138). A escrita borromeana mantém a radical distinção entre o desejo, articulável em significantes, o imaginário do corpo e o real do sexo, da vida e da morte que faz o individual do corpo e que o biólogo interroga. Mas ela tenta escrever como eles ficam juntos, como um real amarra o corpo e a linguagem, mas também como é um "indivíduo falante" quem suporta a hipótese do inconsciente e, portanto, o sujeito (*Sem.* XX, p. 129-130). Distinto do Eu [*Moi*] ao qual o sujeito do desenvolvimento psicológico equivale, distinto do sujeito da fala, o individual do primeiro ternário de 1932 acaba tomando seu lugar na elaboração e na escrita como "indivíduo biológico", real; na medida em que é "afetado pelo inconsciente", ele é o sujeito do significante (E.875 e *Sem.* XX, 129). De certa maneira e ao termo de longa reelaboração, a escrita borromeana tenta escrever, com o ternário Real-Simbólico-Imaginário, o primeiro ternário indivíduo-sujeito-social; a tese pode ser republicada.

Entre os saberes próximos, mas distintos, que ele aconselhava em 1926 para a formação dos psicanalistas, Freud inscrevia a biologia e a ciência da vida sexual. Dava assim lugar aos dois registros de saber sobre o sexo constituídos no século XIX; no Posfácio de 1927, ele só mencionava então a biologia. É interessante relacionar essa distância entre as duas referências de

[161] J. Lacan, *Le Séminaire*, Livre XX, *Encore*, Paris, Seuil, 1975, p. 89.

Freud, e, portanto, o desaparecimento da ciência da vida sexual, com leitura esperta feita por M. Foucault da *scientia sexualis*[162]. Tomar a psicanálise, sem nomeá-la, como protótipo do discurso com o qual ele constrói retroativamente a *scientia sexualis* lhe permite reconhecer a psicanálise embora lhe denegue sua especificidade. Nos anos borromeanos, volta de maneira recorrente uma referência ao saber que a biologia tenta alojar no real do sexo. Ora, nesses mesmos anos, Lacan formula de diferentes maneiras que não há relação sexual que possa ser escrita. Enunciar esse impossível que faz o real do humano opõe uma recusa à fantasia que suportava a "vontade de saber" da *scientia sexualis*... mas seguramente não o desejo de Freud.

Assim, não é possível evocar os vieses pelos quais Lacan faz o saber do psicanalista ser vizinho de outros saberes sem indicar os paradoxos dessa vizinhança. Freud teve de constatar, para sua grande surpresa, que sua investigação do sonho reatava com a concepção "leiga" do sonho que, embora "semi-prisioneira da superstição", estava mais próxima da verdade que a concepção médica[163]. Não hesitou em identificar as formações do inconsciente como produto de um trabalho do pensamento, renovando assim a abordagem do que acontece com o pensamento. Lacan deu o passo para identificar esse trabalho do pensamento com um saber, "o saber que há em falar a própria língua", perfeito saber insabido e que arrisca abrir o caminho para todos os obscurantismos. O recurso aos saberes construídos sobre as leis da linguagem, e com essas leis, é necessário ao psicanalista para contrariar esse pendor, como o é também a referência à tradição filosófica, talvez até teológica, do discurso do ser e do sujeito[164]. Lacan disse que usava esses saberes "como [lhe] vinha aos ouvidos". A liberdade por ele tomada no uso que às vezes faz disso mostra que seu intuito não é analógico. Construir um objeto de saber, o saber insabido reconhecido por Freud, antes o conduziu a explorar as falhas dos outros saberes e a privilegiar a matemática considerada por ele "a ciência mais subjetiva". Em certos encontros de Lacan com esses saberes, algo da ordem de um enxerto de saber está em jogo. Acontece, em

---

162 M. Foucault, *La Volonté de savoir*, Paris, Gallimard, 1976.

163 S. Freud, *Sur le revê*, Paris, Gallimard, 1988, p. 49.

164 F. Balmès, em *Ce que Lacan dit de l'être*, estuda a relação tensa de Lacan com esse discurso, *op. cit.*, cf. também *Lacan avec les philosophes*, Paris, Albin, Michel, 1991.

particular, quando Lacan se prende aos pontos nos quais esses saberes encontram paradoxos ou quando ele mesmo faz deles um uso paradoxal. Nesses lugares aporéticos do saber podem "ser entendidos os limites, os pontos de impasse, de sem saída que mostram o real tendo acesso ao simbólico" (*Sem.* XX, p. 86). O trabalho do escrito dá coordenadas a esses pontos; como o "trabalho de texto que sai do ventre da aranha", ele é "aquilo que retém os corpos invisivelmente".

A psicanálise aplicada à terapêutica

Lacan realizou a instituição de uma psicanálise leiga. Mas também lutou tanto contra a marginalização da psicanálise pela medicina quanto contra a posição de extraterritorialidade científica e social em que os psicanalistas se mantêm. Pôde colocar que a psicanálise não é "em si mesma" uma técnica terapêutica, daí tirou a consequência que a qualificação médica não é requerida para se tornar analista e aconselhou a certos analisandos que fizessem estudos de medicina. O título da segunda seção indica uma posição diferente daquela de Freud quanto à psicanálise aplicada. Lacan retomou a divisão freudiana entre a psicanálise enquanto tal, "pura", científica e pesquisadora, ensinadora também, e a psicanálise aplicada. Freud a aplicou à cura, às obras de arte, aos fatos de civilização; para Lacan, ela é "aplicada" apenas à cura: a psicanálise aplicada "quer dizer de terapêutica e de clínica médica".

As sub-seções "doutrina da cura e de suas variações" e "casuística" entendem contrariar o pendor psicológico na relação com a clínica. Se deve levar em conta as posições do sujeito na estrutura, a clínica psicanalítica também se orienta com o texto singular de cada analisando, com aquilo que, na associação dita livre, se diz da maneira mais necessária, permitindo discernir o que faz "o mais particular do sujeito". As elaborações psicanalíticas sobre as estratégias do sujeito na neurose, na perversão e na psicose, mas também as dimensões, extraídas por Lacan, do Real, do Simbólico e do Imaginário são necessárias a essa orientação. O ensino que Lacan realmente "dedicou" à formação do psicanalista suscetível de aplicar à cura o "desejo do analista" tem um acento diferente da elaboração freudiana. Grande parte dos seminários é dedicada a reelaborar a metapsicologia freudiana com a abordagem estrutural permitida pelas leis da linguagem e a tentar nela integrar as versões freudianas do Pai (as do mito de Édipo e de *Totem e tabu*, a de *O homem Moisés e a religião monoteísta*). Mas uma parte igualmente importante tem por objeto a doutrina da cura, a elaboração de sua "força" e de seu fim, de sua operação, "daquilo com o que" uma análise opera sobre o sujeito. Possibilitar uma saída verdadeira para a transferência requer pensar sua manobra. No momento em que o campo próprio da análise é definido como "campo da verdade", a manobra da transferência é elaborada com o lugar do Outro que permite desfazer os engodos das estratégias histérica e obsessiva para "contornar a questão" do sexo e da existência. Quando Lacan desfaz a colusão com a verdade, a transferência é elaborada com a suposição de saber trazida pela hipótese de um sujeito do inconsciente; confrontada com as dimensões do desejo e do gozo, sua manobra deve levar em conta a singularidade da relação com o objeto na fantasia e na temporalidade do sujeito.

Lacan ressaltou que a psicanálise, enquanto "prática subordinada por destino ao mais particular do sujeito", pode tornar necessário, como demonstra a discussão por Freud do caso do "homem dos lobos", questionar, em cada caso, a ciência analítica (E.358). Ao inscrever essa exigência de particularidade sob a referência à casuística, ele sublinha a dimensão de ação da cura mais que a visada de uma psicologia clínica. A imensa literatura casuística que se desenvolveu durante os séculos XVI e XVII tinha por objeto o estudo das situações, das circunstâncias particulares que permitiam ou não a aplicação de uma lei moral, religiosa ou civil. Nesse estudo, podia estar em jogo uma decisão a ser tomada, um conselho a ser dado, mas também o estabelecimento de uma jurisprudência; confrontado com dificuldades, um particular ou um confessor podiam consultar um casuísta, ele mesmo podia consultar outro mais experiente. "Ciência" da ação, a casuística, por um lado, contribuiu para elaborar a questão do provável e de seu cálculo, por outro lado os relatos biográficos a que deu lugar tomaram parte na formação do gênero literário do romance. Os grandes casos de Freud são contemporâneos do apogeu do romance; a ausência de relato de casos em Lacan é contemporânea da crise do romance[165]. Ainda que, na herança de

[165] J. Le Brun, "Du *casus conscientiae* à la *Krankengeschichte* freudienne", em *Festschrift Aloïs Hahn*, Universitätsverlag Konstanz, no prelo. J. e J.-M. Gagey, "La casuistique", em *Histoires de Cas, Nouvelle Revue de psychanalyse*, nº 42, 1990, p. 261-284.

sua formação psiquiátrica que o levara a escrever o caso Aimée, ele tenha se baseado nos casos freudianos, Lacan antes retém da casuística a exigência de uma ciência da "força" da ação e do *kairos*. Se, para transmitir, lhe acontece, raramente, aproveitar a oportunidade de um caso articulando seu particular, é para indicar o que na cura constitui a oportunidade, ou seja, o bom momento, para comunicar algo ao paciente (E.630-32). Sua elaboração do ato psicanalítico e do "laço social" inabitual que a cura analítica oferece ao paciente inscreve-se naquele destino da casuística.

A indicação e as contra-indicações da análise acabam modificadas. Uma tradição clínica determinou a probabilidade de efetuação de uma análise levando em conta condições de transferência, tempo e pagamento, de idade e de cultura, mas também dos riscos de o paciente ser submerso pelas pulsões e as fantasias e das chances de curar o sintoma. A seleção dos candidatos analistas resultava de uma avaliação semelhante. A inscrição da análise no campo da verdade, a busca do sentido ou a construção de um saber, a atualização da distância entre a demanda e o desejo, a elaboração de uma temporalidade do sujeito, o relevo dado ao ato no enodamento da transferência determinam outra abordagem da probabilidade. À jurisprudência da indicação é substituída a oferta a um encontro, por definição contingente, com a psicanálise. A prática das entrevistas preliminares acaba modificada: assim, uma duração mais longa dessas entrevistas afina a prática do diagnóstico e transforma o prognóstico de analisabilidade.

A problemática da indicação e do diagnóstico diferencial requerido pela jurisprudência médica do caso fora elemento determinante no fracasso de Freud em 1927. Na falta de uma teoria suficiente do mecanismo psíquico da psicose, ele tivera que se inclinar diante da prudência dos alunos que exigiam um diagnóstico médico prévio ao tratamento analítico. A articulação do conceito de foraclusão do Nome-do-Pai permitiu superar o obstáculo encontrado por Freud em sua defesa apaixonada da análise leiga. Articular o mecanismo de defesa próprio à psicose às leis da linguagem, à organização significante e às figuras gramaticais da negação, permite que a psicanálise "enquanto tal" resista menos à fala psicótica[166].

---

[166] J. Lacan, "D'une question préliminaire à tout traitement possible de la psychose", em *Écrits*, *op. cit.*

Com seus avanços clínicos, Lacan nem por isso ficava quite com a medicina; esperava um diálogo crítico em que médicos e psiquiatras interrogariam os analistas a respeito das indicações e das definições nosográficas. Mas a maneira como ele se dirige enquanto "missionário do médico" aos médicos do Hospital des Enfants malades [das Crianças doentes] que deram um lugar à psicanálise em sua equipe médica, manifesta uma inversão certa no jogo da referência. A mesa redonda organizada em 1966 por J. Aubry dá a Lacan a oportunidade de formular como a descoberta de Freud pode permitir que o médico responda à subversão de sua posição tradicional pelo progresso da ciência[167]. Desalojado de sua antiga função sagrada pela conjunção entre esse progresso e a exigência social de administrar de maneira rentável a saúde pública, o médico poderá permanecer médico se reconhecer que sua ação se exerce no registro da demanda do paciente, se reconhecer a falha entre a demanda do paciente (de curar) e seu desejo (por exemplo, de preservar o sintoma que o domina). Confrontado com as exigências de uma produtividade da saúde, com a venda de órgãos, o uso toxicômano dos medicamentos, ele não poderá responder se não levar em conta o "corpo verdadeiro", o do gozo, exilado pela dicotomia cartesiana do pensamento e da extensão, aquele que requer a dimensão ética. O diálogo foi difícil.

Nos anos da Escola Freudiana de Paris, e já da Sociedade Francesa de Psicanálise, a relação entre a formação dos psicanalistas e o saber psiquiátrico, ele também afim, foi mais dialética[168]. Os anos 50 tinham sido marcados por três fatos. A farmacoquímica de síntese começava uma renovação da terapêutica que ia, trinta anos mais tarde, desfazer o saber psiquiátrico já maltratado por suas alianças contraditórias com a neurologia e a psicanálise. Diferentes nas orientações e nas reformas, a psicoterapia institucional e a política de setorização tinham tentado humanizar o internamento psiquiátrico e integrar a psicanálise à sua prática. Lacan havia confirmado sua ruptura com o organodinamismo ao articular ao processo da linguagem o mecanismo de defesa da psicose. Em Bonneval, em 1960, H. Ey convocou filósofos, psiquiatras e psicanalistas da Sociedade Francesa de Psicanálise e

167 "La place de la psychanalyse dans la médecine", *Cahiers du Collège de médecine*, 1966, 7. [*Lettres de l'EPF*, nº 1; *Le Bloc-Notes de la psychanalyse*, 7, 1987].

168 É. Roudinesco, *op. cit.*, p. 204 e p. 488-99.

da Sociedade Psicanalítica de Paris para um colóquio sobre o estatuto do inconsciente; ele reconhecia a questão para os psiquiatras em formação que constituíram o público dos enfrentamentos teóricos sobre as relações do inconsciente e da linguagem. Em 1961, M. Foucault, em *A história da loucura*, fez-se "apóstolo e exegeta" de uma desrazão separada de sua linguagem; era ir contra a vontade de fazê-la calar e de, em seguida, objetivar a loucura em doença mental[169]. Se H. Ey julgou o livre "psiquiatricídio", Lacan reconheceu que essa grande obra, por seu método histórico-crítico, situava "a responsabilidade da medicina na grande crise ética (isto é, relativa à definição do homem)" centrada por Foucault em torno do "isolamento da loucura[170]". Esses diferentes fatores orientaram os psiquiatras em formação para a psicanálise e muitos se tornaram psicanalistas; ao mesmo tempo, jovens analistas não-médicos tiveram a oportunidade de encontrar a loucura em instituições tolerantes à sua fala: por exemplo, a clínica de La Borde, aberta já em 1953 por Jean Oury, e a Escola Experimental de Bonneuil, fundada por Maud Mannoni em 1970. O colóquio de outubro de 1967 sobre as psicoses infantis foi um momento importante desses encontros entre a psiquiatria e a psicanálise; Lacan então prestou homenagem à obra de civilização de H. Ey[171]. Em novembro do mesmo ano, falou, no Hospital Sainte-Anne, aos psiquiatras em formação no quadro do Círculo de Estudos Psiquiátricos criado com H. Ey em 1966[172].

Em outubro de 1968, a ESP dedicou seu congresso às relações entre a psicanálise e a psicoterapia. O objetivo era retomar a tensão dialética entre o terapêutico e o analítico em cada cura, tensão sublinhada por Freud quando reconheceu a necessidade do desvio pela neurose de transferência e da suspensão da visada terapêutica. Era marcar as coordenadas novas dessa relação tornada paradoxal uma vez que a injunção normativa de saúde e prevenção fez da tradicional dimensão psicoterápica da medicina um fenômeno de massa. Essas coordenadas sociais, econômicas e ideológicas

---

[169] M. Foucault, *Histoire de la folie à l'âge classique*, Paris, Plon, 1961.

[170] J. Lacan, "Table ronde...", art. Cit., p. 765.

[171] *Enfance aliénée, Recherches*, 1967, rééd. Denoël, 1984. M. Mannoni, *Un lieu pour vivre*, Paris, Seuil, 1976.

[172] Conferência retranscrita sob o título "Pequeno discurso aos psiquiatras", inédita.

acentuam a heterogeneidade entre a psicanálise e as psicoterapias. A psicanálise considera que é preciso completar o sintoma, e não suspendê-lo, para torná-lo analisável, reconhecer que a queixa de quem sofre e quer ficar curado pode recobrir um desejo de não ficar curado sustentado por uma relação fantasmática com o objeto que teria o poder de curar. O tratamento do sintoma e da queixa é heterogêneo com práticas que, ao desconhecer o apresamento do sintoma no simbólico e no gozo, a falha entre o desejo e a demanda, podem, ao buscar o melhor, levar ao pior. E mesmo assim, apesar dessa heterogeneidade, essas duas ordens de práticas são encontradas, de maneira problemática, nas instituições de cuidados, particularmente aquelas às quais são enviadas crianças. Na exposição de conclusão desse colóquio, Lacan se pergunta se a prática da psicoterapia dita de inspiração psicanalítica deve ser considerada uma etapa da formação do psicanalista, e qual é sua incidência na análise dita didática, no limite que é encontrado por essa análise e que pode causar seu fracasso[173]. Encontraremos de novo essa questão como uma das questões cruciais do controle.

As consultas hospitalares e as "apresentações" tomaram uma parte importante na formação pelo confronto que lá se operava entre psicanálise, medicina e psiquiatria. As consultas e as apresentações de Françoise Dolto em Trousseau e de Jenny Aubry no Hospital des Enfants malades foram em particular lugares onde puderam se elaborar as condições particulares da psicanálise com crianças: intervenção de um terceiro real, os pais levados em conta na manobra da transferência em função do lugar para eles ocupado pela criança, balizamento dos sintomas em relação à neurose infantil e à estrutura neurótica que se constitui em seu *a posteriori*. Durante o congresso sobre a transmissão, em 1978, uma mesa redonda foi dedicada aos "efeitos de transmissão da psicanálise pela assistência de psicanalistas em formação" na consulta de F. Dolto[174]. Esta última colocou a questão do momento oportuno na formação para assistir à consulta; analistas mostraram o efeito que isso pudera ter em suas análises, em sua relação com a teoria. Vários notaram como a capacidade de F. Dolto de reconhecer, diante das crianças e diante do "público", que não entendia tinha efeitos de transmissão.

---

173 *Lettres de l'EFP*, nº 7.

174 *Lettres de l'EFP*, nº 25, vol. II.

Esse traço é igualmente sublinhado pelos analistas que estiveram presentes nas apresentações clínicas de Lacan. Este último manteve essa prática, herdada de uma longa tradição do ensino médico e psiquiátrico. As aulas de Charcot na Salpêtrière servem de referência, talvez até contrária, na matéria; Freud ali assistiu, maravilhado com os talentos de um Charcot ora médico ora professor, ora pesquisador ora magistral; seduzido pela teatralidade gestual e vocal do exercício, interessou-se pela pesquisa nosográfica de leis e classificação que dava um estatuto científico à histeria e cessava de reservá-la às mulheres[175]. Talvez estivesse pensando nessa situação ao sustentar em 1916 que, diferentemente do ensino médico que deixa ver, e do ensino psiquiátrico que pode deixar ouvir a queixa sobre o sintoma, "o tratamento psicanalítico não tolera ouvinte"; a transferência a isso se opõe. Portanto, só se pode conhecer a psicanálise por sua experiência própria ou por ouvir-dizer[176]. Os alunos de Lacan, às vezes analisandos, que foram testemunhas de sua prática das apresentações mesmo assim insistem em seus efeitos de transmissão[177]. O *savoir-faire* de Lacan para iniciar um diálogo muito conciso que permitisse um real encontro (podendo ter consequência para o sujeito), sua maneira de se deixar agarrar, surpreender, manifestar que não entende, submeter-se inteiramente às "posições propriamente subjetivas" do paciente sem reduzi-las a um processo mórbido (E.534), deviam criar as condições de monstração de um real que não pode ser falado. O fato de o interlocutor privilegiado ter sido o psicótico é certamente estrutural. A maneira de produzir uma barreira invisível, toda cumplicidade excluída, entre a cena do diálogo e o público oferecia um lugar cênico onde pudessem advir os significantes da cena inconsciente do sujeito e esboçar-se uma demanda. Um efeito de formação maior parece ter sido que cada um dos três protagonistas desse acontecimento era sujeito, ensinado e modificado por um saber vindo da fala psicótica. Esse saber trazia uma questão necessariamente levantada pela elaboração feita por Lacan da alienação narcísica

[175] A.-M. Braud, "Effets de présentation", *Essaim*, nº 2, Ramonville Saint-Agne, Érès, 1998.

[176] S. Freud, *Conférences d'introduction...*, *op. cit.*, p. 22.

[177] J.-A. Miller, "Enseignements de la présentation de malades", *Ornicar?*, nº 10, 1977. E. Porge, "La présentation de malades", *Littoral*, 17, Toulouse, Érès, 1985. M. Czermak, "L'enseignement de la présentation de malades de Jacques Lacan à Henri-Rousselle", *Bulletin de l'Association freudienne*, nº 23, 1987.

do Eu [*Moi*], da heteronímia do simbólico, do real como impossível: "Por que é que um homem normal, dito normal, não percebe que a fala é um parasita[178]?" Em outras palavras: como não se é louco?

O controle, instituído em Berlim depois regulamentado na IPA para guiar um analista iniciante na condução de uma cura e para autorizar sua prática, deveria logicamente ser da competência dessa seção de "psicanálise aplicada". Contra toda expectativa, Lacan não a inscreve ali mas a integra à "psicanálise pura", iniciando uma abordagem radicalmente diferente da prática do controle.

A psicanálise pura

O desejo de Freud foi determinante no abandono da hipnose, apesar de seus resultados terapêuticos, e no ato inaugural do "psicanalisar", esse *Analysieren* que ele com o tempo deveria qualificar de profissão impossível. No entanto, foi necessário um longo caminho antes de ser colocada, na formação, a questão do desejo do analista. Nesse caminho, a hipótese levantada por Lacan de uma inerência da morte à linguagem terá permitido, ao articular a formação do psicanalista à segunda Tópica, que ele operasse uma volta a Freud no campo dessa questão. De maneira quase necessária, a concepção profissional que isolava "a" didática colocando-a no início de um currículo de aprendizado baseava-se num querer-ser-analista e pensava o termo dessa análise como identificação com o analista. Ora, se não forem contestados, esse querer e essa identificação deixam a análise num impasse... que só ela pode contestá-los. Querer estar em condição de ter a última palavra, que pode ser uma figura de um querer-saber no princípio da escolha da profissão, é um obstáculo interno tão importante quanto a intrusão da realidade profissional e institucional quando ela é o horizonte, talvez até o presente, de uma análise didática. Querer ser conforme, querer saber, ter o saber e o poder que pode daí resultar, conforta a escolha feita pelo sujeito de nada querer saber da verdade e impede um saber de se construir com o saber

[178] J. Lacan, *O sinthoma*, seminário inédito, sessão de 17 de fevereiro de 1976.

inconsciente. E, mesmo assim, é esse saber da estrutura que poderá operar, de reserva, para que outro o construa com seu próprio saber inconsciente.

Talvez fosse preciso renunciar a "a" didática e ao currículo de que ela é solidária para que fosse articulada a "função didática" de uma psicanálise: no sentido amplo, o que ela ensina a todo analisando, o saber que ela permite construir; no sentido restrito, a formação do analista que ela torna possível. O analista pode advir como produto particular dessa "cultura" do inconsciente, das formações do inconsciente, que é uma psicanálise. Seja entendido como uma nova "flor de Tarbes" ou uma dessas "flores azuis" que brotam sobre os restos da história, seja antes entendido como uma formação da análise à maneira de uma formação geológica, o analista não é mais o resultado do "forma-se" do que do "formar-*se*". Só *a posteriori* é que se sabe se uma análise foi didática nesse sentido restrito e se um analista foi "didata". Lacan pôde dizer em 1973 que quis apagar esses termos, mas guardou o uso para uma análise que introduziria a seu próprio ato, a ser distinguido do estabelecimento[179]. A subversão operada por Lacan em 1964 permite e exige que se repense a formação do psicanalista em sua relação tanto com o fim da cura quanto com a "formação de escola", a ser antes entendida, então, como uma "formação musical". Ao colocar que a "longa ascese subjetiva" que é a análise do analista deve ser "ininterrupta" até o fim, Lacan se inscreveu na herança de Ferenczi; no entanto, foi pela última questão do texto de Freud, "Análise finita e infinita", que ele se orientou.

No momento da crise com Rank, em 1924, Freud, em carta ao Comitê, ressaltou que achava importante, numa análise didática, os alunos viverem "todos os processos internos possíveis"[180]. Estava convencido de que Rank fora desestabilizado tanto por sua prática quanto pela notícia do câncer de seu mestre. Ferenczi ia radicalizar essa indicação de Freud ao generalizar o voto de análises sistemáticas levadas até o fim. Freud devia antes sustentar a noção de *Nachtragsanalysen*, como Jones a de *post-graduate analysis*[181]. Em resposta aos impasses em que o enquadramento institucional punha as análises didáticas, a prática se generalizou de análises "pós-didá-

[179] J. Lacan, "Discours à l'EFP", *Scilicet 2/3*, Paris, Seuil, 1970, p. 20.
[180] S. Freud, em E. Jones, *Vie et œuvre...*, *op. cit.*, III, p. 68.
[181] *Correspondance S. Freud; E. Jones*, *op. cit.*, p. 832-834.

ticas", privadas e até secretas. Em 1953, Balint constatou que essa prática questionava o sistema de formação e impedia qualquer elaboração teórica sobre a análise do analista: essa prática secreta era prosseguida à maneira da "superterapia" de Ferenczi, e com que saída? Tinha mais um objetivo de "pesquisa"[182]? Lacan considerou que as "trevas insondáveis" que cercavam a análise didática, seus fins, suas condições, estavam no princípio do silêncio que reinava sem contestação na instituição (E.477). Verdadeiro sintoma institucional do qual ele devia zombar em 1956, esse silêncio como que ignorava os termos do debate póstumo iniciado publicamente por Freud com Ferenczi em 1937.

A conferência de Ferenczi pronunciada no Congresso de Innsbrück em 1927 é sua contribuição clínica e teórica para o debate sobre a análise leiga[183]. Partindo de um traço de caráter de um paciente, a tendência à mentira, e considerando que ele é generalizável às diversas deformações dos fatos e ao desrespeito à regra fundamental, ele extrai a dimensão fantasmática desse traço e sustenta que a neurose é estruturada por essa "mentira" que é a fantasia inconsciente. Logo, a análise deve explorar a estrutura fantasmática inconsciente que se constituiu durante o recalque, e que Ferenczi nomeia "caráter"; ela deve separar o real da fantasia. Uma análise terapêutica só está terminada se for uma análise do caráter, permitindo sua "recristalização" após a dissolução da "estrutura cristalina" de partida. Para isso são necessárias condições de tempo, de repetição e de perlaboração, de tato no manejo da transferência. Para esta última condição, "o analista deve ter terminado por completo sua própria análise"; o que supõe que seja feito o luto da fantasmatização inconsciente que se alojou na cura, que o homem tenha superado o complexo de castração e a mulher o complexo de virilidade. Esse texto argumenta a recusa de Ferenczi de distinguir análise terapêutica e análise didática, e o estatuto que, um ano mais tarde, ele vai dar à análise do analista: "segunda regra fundamental", ela é a "única base fiável de uma boa técnica analítica[184]".

---

[182] M. Balint, "Formation analytique et analyse didactique", em *Amour primaire et technique psychanalytique*, Paris, Payot, 1972.

[183] S. Ferenczi, "Le problème de la fin de l'analyse", em *Psychanalyse IV*, OC, Paris, Payot, 1982, p. 43-52.

[184] S. Ferenczi, "Élasticité de la technique psychanalytique", dans *Psychanalyse IV*, *op. cit.*, p. 53-65.

O texto "substancial" e ambicioso de Ferenczi, mas também a crítica feita por ele a Freud por não tê-lo analisado até o fim, acompanham "Análise finita e infinita"[185]. Freud entende "atiçar" uma discussão com os analistas, mas igualmente consigo mesmo. Contesta a ambição de rivalizar com o destino ao atualizar na cura conflitos latentes, prefere reconhecer os limites que a psicanálise aceitou ao renunciar à hipnose, mas retoma por sua conta a ideia que a análise do analista, nesse sentido distinta da análise terapêutica, deveria ser uma análise de caráter. Isso em razão dos perigos que representa para o analista o comércio com o recalcado e da exigência feita por essa prática de excluir todo falso semblante, de reconhecer a verdade e a realidade. Ele admite que, no caso da análise de caráter, o fim efetivo de uma análise possa se aproximar do fim postulado pela teoria. A teoria postula, até reivindica, que a análise possa operar uma "correção *a posteriori* do processo originário de recalque" que ponha fim ao poder excessivo da pulsão. Logo, o fim da análise não é aquele fim que realizaria a forma dada no início, conforme o esquema familiar da *Bildung* clássica. Mas é forçoso constatar o que não queremos ver: a transformação do mecanismo de defesa costuma ser apenas incompleta. Freud suspeita que o analista não possa chegar a esse fim pela aliança prevista com um eu [*moi*] "normal" e prefira reconhecer os obstáculos que se opõem a essa visada de correção: modificação patogênica do eu [*moi*] pelos mecanismos de defesa, proximidade maior ou menor com o eu [*moi*] psicótico, restos de heranças arcaicas, efeitos da pulsão de morte, enfim, não reconhecido por Ferenczi, o "rochedo" da castração, ou seja, a recusa tanto pelo homem como pela mulher da feminidade. Freud não retoma diretamente a questão da fantasia que é o ponto essencial da intuição de Ferenczi, mas situa a fixação do "caráter" como efeito no eu [*moi*] dos mecanismos de defesa que sacrificam a verdade ao falsificá-la, em particular ao falsificar a percepção do perigo pulsional encontrado pelo eu [*moi*] em desamparo.

Lacan não se referiu ao texto de Ferenczi; no entanto não podia ignorá-lo[186]. Não comentou o conjunto do texto de Freud, mas se refere

---

[185] S. Freud, "L'analyse avec fin et l'analyse sans fin", em *Résultats, idées, problèmes, II,* Paris, PUF, 1985, p. 231-268.

[186] Ele cita o artigo, que ele qualifica de "luminoso", sobre a elasticidade da técnica e mostra o erro da análise de caráter em... W. Reich (É.339-343).

regularmente à sua última questão, interpretando o irredutível rochedo da castração por vezes como uma parada de Freud à beira da terra prometida, por vezes como um impasse. Uma vez que marcou sua oposição a um fim da didática concebida como identificação com o Eu [*Moi*] do analista – "Se analistas são formados, é para que haja sujeitos tais que neles o Eu [*Moi*] esteja ausente[187]" – ele procurou elaborar esse rochedo como relação fundamental do sujeito com o falo e não como rochedo biológico. Pensar a antinomia encontrada pelo ser humano na assunção de seu sexo, ou seja, as sequelas do complexo de castração no homem e do *Penisneid* na mulher, vai requerer a articulação do falo com a linguagem e seus efeitos, com as dimensões do ser e do ter. O impasse estruturado pelo dilema *ter-não ter* o falo se resolveria se o sujeito pudesse realizar na análise que ele não *é* o falo que, como significado, dá a significação do desejo da mãe, e, como significante do desejo, é chamado a suprir a falta do significante que no Outro diria o que é o sujeito. O que supõe que a análise possa tocar nesse ser do sujeito que as paixões do amor, do ódio e da ignorância tentam incansavelmente realizar, e, portanto, naquilo que ele não é uma vez que ele é apenas efeito da linguagem. O que não ocorre sem enfrentar a perturbação produzida pela falha de resposta, a vertigem da questão trazida ao uso do significante como tal, a angústia que surge quando se aproxima o ser de objeto do sujeito, o desamparo do homem em sua "relação consigo mesmo que é sua própria morte[188]". Assim, a assunção da castração encontra essa outra modalidade do fim, primeiramente formulada por Lacan, da análise do analista: a subjetivação de sua morte, uma subjetivação que não depende de nenhum saber nem de nada imaginável (E.348). Essas duas modalidades do fim antecipam o reconhecimento, igualmente problemático, da não-relação sexual.

No ponto onde se conjugam as problemáticas do ser do sujeito, pensado com o objeto *a*, e da castração, Lacan encontra, de certo modo necessariamente, a intuição de Ferenczi sobre a função determinante da fantasia inconsciente; ao reelaborar a escrita que ele já havia dado disso, ele

[187] J. Lacan, *Le Séminaire*, Livre II, *Le Moi dans la théorie de Freud et dans la technique de la psychanalyse*, Paris, Seuil, 1978, p. 287.

[188] A articulação da problemática fálica com aquela do objeto se elabora lentamente nos seminários dedicados à ética da psicanálise, à transferência, à identificação e à angústia."

ressalta como a função imaginária da castração está em ação na fantasia. Suporte do desejo, a fantasia mantém à distância o resto de gozo que escapa ao processo de significância; cobrindo a verdade recusada da castração e fazendo tela ao real, ele é um elemento decisivo do "espaço de defesa onde se organiza o sujeito" (E.235), ele lhe permite desconhecer que o sujeito é apenas efeito do significante. Pensar a operação analítica e seu desfecho exige, portanto, que Lacan pense a relação do sujeito com o objeto e não só com o falo e a maneira como o analista se situa em relação a eles. Ele procura fazer isso em seu ensino com a álgebra do sujeito. Ela lhe permite escrever o sujeito como sendo "representado por um significante para outro significante" e a transferência como sendo a suposição de uma coincidência, no sujeito-suposto-saber, do sujeito suposto saber a estrutura, e do sujeito do inconsciente, suposto ao saber inconsciente. Essa álgebra também permite, com o objeto *a* que ele inventou a partir dos objetos pulsionais, que ele escreva o resto da operação significante, o ser perdido do sujeito que causa seu desejo em sua relação com o desejo enigmático do Outro. A colocação em função do objeto *a* na fantasia tenta suprir a radical inadequação da linguagem à realidade do sexo, desconhecer a hiância da relação sexual. Lacan acaba formulando que, se Freud teve de dar à análise o limite do rochedo da castração, foi por não ter levado em conta a função do objeto pulsional na transferência, a maneira como o analista é integrado como objeto na fantasia fundamental do analisando. Ora, é com isso que o analista opera. A redução do inconsciente à sua literalidade e o reconhecimento do "inegável do *a*" como vazio da castração permitem reduzir o sujeito suposto saber à função do objeto *a*, a um só tempo dejeto da operação e resíduo literal de um saber separado do sujeito. Ele pode então ser falado no futuro anterior do analista que suportou a transferência: ele terá sido o analista.

Se esse desfecho pode acontecer, é desfecho "terapêutico" para a neurose de transferência; é desfecho "didático" pelo saber da estrutura que ali se forma: um saber marcado por uma falta-a-saber já que a estrutura de que depende o sujeito é real. Esse saber pode permitir outra relação com essa estrutura que aquela do sujeito vítima do sintoma; não poder "tê-lo" permite fazer dele outro uso que de um "poder". Mas como, nesse desfecho, se forma o desejo de suportar essa operação por um outro sujeito? Em que o ato em jogo nesse desfecho, se é "ato psicanalítico", vem se instituir naquele que poderá ser o agente do discurso? É nesse ponto do fim da cura e do ato psicanalítico que Lacan aloja a proposição que ele faz em sua escola, em 1967, de um novo dispositivo de trabalho e de formação, o dispositivo do passe.

***

A formalização do saber psicanalítico operada por Lacan foi lenta, contínua, vacilante; longe de ser uma sistematização conceitual, foi uma reinvenção, por vezes capaz de desorientar, da psicanálise que Freud havia inventado. Como Freud, que não havia hesitado em introduzir conceitos que abalavam o edifício (assim, o narcisismo, a pulsão de morte, a operação do desmentido), Lacan não recuou diante dos remanejamentos que podiam desestabilizar uma construção (assim, a invenção do objeto *a*, a introdução do nó borromeano). Nessa busca, Freud às vezes se dirigia a seus correspondentes, às vezes a um interlocutor fictício, mas privilegiava o escrito; Lacan, em sua construção, se dirigiu aos ouvintes do seminário e recorreu ao escrito para transmitir o saber que se acumulava. Em o *Ato de fundação*, ele propôs colocar à prova da crítica os efeitos imputados a seu ensino sobre os analisandos, os dele em particular, a quem o seminário estava aberto, sua incidência na transferência. A IPA, que fazia assim objeção à sua prática, dava ela mesma ao analista didata o poder de avaliar o nível de avanço da cura e o dever de prestar conta disso à Comissão de estudos; o que tinha alguma incidência na transferência. A inconsequência pode fazer sorrir, mas revela a ausência de uma teoria da didática que levaria em conta a afirmação do inconsciente.

Elaborar o tempo do sujeito e "colocar" o inconsciente na formação do psicanalista não levaram Lacan só a romper com o *timming* padronizado das sessões, mas também a desfazer a linearidade regrada do currículo didático[189]. Aberto aos analistas e aos analisandos, depois a um público não determinado, seu ensino tornara caduca, desde antes da fundação da EFP,

[189] Sobre a progressão no currículo, S. Nacht, S. Lebovici e R. Diatkine dão a posição da SPP em 1960: "L'enseignement de la psychanalyse", *Revue française de psychanalyse*, XXIV, PUF, 1960. L. Shengold, "De la progression", em *La Formation du psychanalyste*, Symposium de Broadway, *op. cit.*

a distinção entre formação e pesquisa. Desde os "seminários de textos", ele foi inspirado em seu método pelas conferências a um só tempo práticas e científicas dos diretores de estudos da École pratique des hautes études, abertas a todos e das quais Lacan fora "aluno", mais que pela didática universitária que continuava a inspirar os institutos de formação da IPA. Lacan reconhecia alguns grandes mestres que haviam assegurado um ensino "digno desse nome": G. de Clérambault, H. Ey, do qual ele louvara o "esforço de pensamento e de ensino que é a honra de uma vida e o fundamento de uma obra" (E.152), Kojève, Saussure. O seminário abria a todos sua pesquisa e sua construção teórica, mas tinha por "desígnio", por "questão prática", a formação dos analistas e Lacan ali se dirigia aos analistas. Se tivesse que escolher entre a publicação e o ensino oral, sua "ordem preferencial" seria: "primeiro, que haja psicanalistas", que haja "psicanalista para responder a certas urgências subjetivas" (E.236).

Lacan pode ter dito que estava falando em seu seminário como analisando, controlador, passante; não são posições equivalentes, mas são posições de sujeito. Como sujeito, ele se dirigia aos analistas que deviam estar entre o público do seminário e que supostamente tinham a ver com um novo estatuto do sujeito. Pode ter escrito que "a via por onde a verdade mais escondida se manifesta nas revoluções da cultura" – ou seja, a via de um estilo – é "a única formação [que ele possa] pretender transmitir aos que [o] seguem" (E.458). Também pode ter escrito, modificando a fórmula de Buffon, que o estilo é "o homem a quem nos dirigimos" (E.9). Logo, qual é a questão de formação do endereçamento, e portanto do estilo, de Lacan? O analista tem que ser só o agente, enquanto objeto, do discurso; mas o analisando a ele se endereça como sujeito suposto saber. Lacan distingue o "público" do seminário, que ocupa para ele a função do objeto, um olhar em nome do qual ele fala, e os analistas aos quais ele se endereça[190]. É uma maneira de precisar o modo de ensino que ele já preconizava em 1953: instituindo, "até às caladas", um diálogo com o ouvinte, numa "simetria" impressionante com a experiência da análise, uma simetria que, no ensino,

[190] J. Lacan, *Télévision*, Paris, Seuil, 1973, p. 9-11.

faz, portanto, o analista analisando[191]. Com os "discursos", Lacan acaba formulando que quem ensina, quando estiver ensinando, em qualquer discurso que seja, se encontra ali onde está o sujeito, e que ele ensina como sujeito... para instruir-se, não para transmitir um saber; quem aprende só aprenderá na medida de seu próprio saber, de sua relação de sujeito com esse saber[192].

No discurso analítico, o saber em jogo é o saber inconsciente; aquilo de que o sujeito analisando se instrui, com esse saber, e que ele pode ensinar ao analista, é do saber da estrutura, isto é, a estrutura sendo real, de um saber que inclui uma falta. Lacan pode ter pensado que o objeto freudiano permitia realizar um novo estatuto do sujeito; era a esses sujeitos supostos novos que ele se dirigia. Esse sujeito é novo como é novo o *neues Subjekt* freudiano do terceiro tempo da pulsão. A leitura dada por Lacan do trajeto da pulsão como traçado do ato faz desse sujeito não aquele que faria o ato, mas aquele que advém do ato cujo objeto é o agente[193]. É nesse ponto do ato, no próprio lugar do "sem esperança" próprio ao "fazer-se ouvir" do terceiro tempo da pulsão, que Lacan pôde, para acabar, situar seu ensino. Se pôde dizer que o ato o salvava do ensino foi na medida em que seu ensino operava na junção da tarefa analisante e do ato psicanalítico[194]. Era como sujeito ele mesmo em formação, mas mais "passante" que analisando, que ele se dirigia a sujeitos em formação, às vezes desesperando da existência deles.

O propósito aqui é menos ressaltar o caráter excepcional desse ensino que entender em que ele é "*caso*". Foi caso para a EFP pois deu lugar a uma escolha, logo, a um ato, para aqueles que à conformidade do padrão preferiram um ensino que falava do que é a psicanálise[195]. Esse caso cria jurisprudência na medida em que permitiu elaborar, para além da pessoa de Lacan, como é possível ensinar o que ensina a psicanálise, numa "transmissão de um sujeito a outro". O fato de Lacan tê-lo mantido em posição

[191] J. Lacan, *Sc. 53, op. cit.*, p. 56.
[192] J. Lacan, "Allocution de clôture du Congrès sur l'enseignement", em *Scilicet 2/3*, Paris, Seuil, 1970, p. 391-399.
[193] J. Lacan, *Le Séminaire*, Livre XI, *op. cit.*, p. 162.
[194] J. Lacan, "Raison d'un échec", em *Scilicet I*, Paris, Seuil, 1968, p. 47.
[195] J. Lacan, "Proposition du 9 octobre 1967", em *Analytica*, vol. 8, suplemento a *Ornicar?*, nº 13, 1978.

de exterioridade à Escola era arriscado. No *Ato de fundação*, ele reconheceu que seu ensino podia ter efeitos de impasse, não sobre os analisandos mas sobre o trabalho da Escola, em razão da "indução" que ele também visava. Para que seu ensino fizesse indução ao título do raciocínio desse nome, ou seja, permitindo construir um saber a partir de elementos dados, e não ao título da "bobina" do mesmo nome, era preciso que cada um trouxesse sua contribuição... como sujeito.

***

A admissão dos candidatos analistas aos controles é uma fechadura essencial de seleção na progressão do currículo instituído na IPA; é a via obrigatória para poder acompanhar o conjunto dos ensinos, participar das atividades científicas, ser admitido como membro autorizado a analisar sem controle. Mesmo quando reformas suprimiram, na França, a pré-seleção, a lista dos didatas e a noção de análise didática, a autorização de empreender "curas supervisionadas", depois a validação dessas supervisões, permaneceram prerrogativa da instituição, o lugar de sua responsabilidade e de sua garantia, ou seja, da garantia que ela (se) dá. O controle é o lugar onde ocorre a passagem de uma posição analisante a um estatuto de analista, talvez até de um estatuto a outro, num contexto institucional que pensa poder identificar e autorizar o psicanalista. As condições de definição e reconhecimento dessa identidade podem não orientar a cura, ainda que dita "pessoal", para essa integração e essa identidade? Podem elas não produzir uma "transferência idealizante" mudando o rumo da análise no sentido dos ideais da instituição, ainda que reduzida à instituição do controle?

Pouco preocupados com essa lógica institucional e pouco inclinados a essa prática, Freud e Ferenczi privilegiaram a transmissão de conselhos técnicos, relatando em publicações suas experiências e seus avanços. A correspondência de Freud o mostra pouco avaro de conselhos, de referências à própria experiência, às vezes de juízos severos sobre a surdez de tal analista numa cura[196]. Suas cartas a Edoardo Weiss permitem circunscrever a posição

[196] Assim, seu juízo sobre uma análise conduzida por E. Jones, *Correspondance*, *op. cit.*, p. 565 e 573.

de "consultor" que ele de bom grado aceitou com ele, às vezes chegando até a receber o paciente e seu analista ao mesmo tempo, dando a partir da exposição do caso indicações práticas e um prognóstico, contando sua experiência mas deixando a iniciativa à invenção e ao juízo do analista[197]. Weiss o colocava mais em posição de "casuísta" que de "controlador", preferindo dirigir-se a Federn, seu antigo analista, para os casos de psicose que Freud, segundo ele, tivesse recusado tratar. Após quinze anos de trocas epistolares e encontros a respeito de uns quinze casos, ele confiou no próprio juízo contra uma opinião de Freud e só o consultou então excepcionalmente.

A desregulamentação da formação e a supressão do currículo na EFP modificaram a prática do controle? A nota que foi acrescentada ao *Ato de fundação* durante o verão de 1964 ressaltava que o controle "se impõe" tão logo uma prática procede de efeitos psicanalíticos, a fim de proteger os pacientes, e que a Escola assegurará os controles: eles são da responsabilidade do sujeito que se engaja nessa prática[198]. No texto que ressaltava o funcionamento e a administração da Escola, é o único ponto da formação que guarda a marca da instituição anterior. Ainda que a adesão à Escola não dependa mais disso (ela tem a ver com o engajamento num projeto de trabalho), o título de Analista Membro da Escola (AME) depende. Uma disposição tomada pelo primeiro diretório em março de 1965 previa que o júri de acolhimento propusesse nomes de controladores ao candidato ao controle[199]. Balint questionara a prática do controle como lugar de uma "formação de supereu" e de uma transmissão iniciática que solidificasse um grupo em torno de um mestre; sua interrogação não fora adiante. Embora a disposição tomada pelo diretório da EFP não tivesse entrado em vigor, a prática do controle podia, nessa data, ser consenso para além das cisões. Talvez porque possa ali se alojar a crença que a prática psicanalítica resulta de uma técnica que se aprende, como quis Eitingon, junto a um mestre-artesão que acompanha os primeiros passos do analista. Talvez porque essa crença institua um Outro completado por seu saber, iniciador e fiador, ele

[197] S. Freud, E. Weiss, *Lettres sur la pratique psychanalytique*, Toulouse, Privat, 1975. Publicado em 1970 em Nova York sob o título *Sigmund Freud as a Consultant. Recollection of a Pioneer of Psychoanalysis.*

[198] Nota acrescentada, em *Annuaire de l'EFP*, 1965.

[199] *Lettres de l'EFP*, nº 7, p. 175.

mesmo afiançado por sua inscrição na cadeia genealógica da transmissão. O artigo de *Scilicet 6/7* que tenta fundar uma prática desinstitucionalizada do controle utiliza essa metáfora de um ofício que *se aprende* como aprendemos a andar; mas curiosamente essa prática ali não está referida à problemática sublinhada por Lacan do *gradus*[200], isto é, do passo. A expressão "cura referida a um terceiro" vai durar muito na EFP e o termo controle, qualificado por Lacan de "sinistro" (E.253), prevalecerá entre seus alunos sobre outras formulações cuja variação indica as aporias dessa prática: análise de controle, supervisão, cura supervisionada, escuta assistida, análise quarta.

Convém levar a sério que não há em Lacan nem teoria do controle nem questionamento de sua necessidade. Quando o Congresso de Roma da EFP dedicou uma manhã a esse tema em 1974, vários analistas tentaram extrair uma doutrina do controle; Lacan não tomou a palavra[201]. Entretanto, dificilmente se pode sustentar que ele tenha ficado satisfeito com uma prática não esclarecida e daí concluir que a teoria dessa prática ainda está por fazer... ou que tem a ver com a doutrina da psicanálise pura. Em 1966, Lacan ressalta que os valores de controle devem ser encontrados por um lado nos pontos de referência estruturais trazidos por seu ensino, por outro lado na construção, na cura, da "tela fundamental do real na fantasia inconsciente" (E.235). Logo, a construção do sujeito e do objeto, o "arcabouço" da fantasia inconsciente que suporta o desejo, têm valor de controle. O *Ato de fundação* esclarece a posição de Lacan sobre essa prática que, mesmo desinstitucionalizada, permanece "híbrida", podendo tem a ver com a análise e com a ética médica, não sem dar ao controlador um poder de reconhecimento e garantia. Lacan escolhe inscrever a prática do controle na psicanálise pura, ao mesmo título que os efeitos de formação e de ensino da cura e de seu seminário. Ele relaciona a necessidade do controle a um "fato" do qual o currículo de formação nada quer saber: de fato, sujeitos em análise são levados a assumir em sua prática profissional uma responsabilidade analítica. Nesse "caso particular", é necessário que os efeitos analíticos na prática de alguém que não é analista sejam reconhecidos pelo praticante, a

---

[200] "D'um discours à l'autre, l'institution dite du contrôle", *Scilicet 6/7*, Paris, Seuil, 1976, p. 205.
[201] *Carta da EFP*, nº 16.

fim de proteger o paciente, e ele mesmo igualmente. Falar de "psicoterapia (de inspiração) psicanalítica corresponde a renegar o fato de que a prática da psicanálise, na maior parte do tempo, antecipa-se à autorização do analista como analista e que ela não muda muito com a validação institucional dos controles. Reconhecer esse fato e a ele ligar, tão logo ele se apresenta, a necessidade do controle, é preferir uma formação não mentirosa a uma formação ideal; é permitir que o praticante não falte em sua função; mas exige repensar radicalmente a questão da autorização e a isso relacionar as aporias do controle. Logo, Lacan pode ter-se perguntado se, para evitar deixar a análise didática num impasse, não seria preciso moderar, em acordo com o analisando, sua prática da "psicoterapia analítica"[202].

O início da prática, ocorra ele em instituição ou na "instalação" liberal, quase sempre é a inscrição de um querer-ser-analista do qual o desejo do analista não está solto. Sob sua aparência técnica, as dificuldades e os embaraços encontrados colocam em jogo a relação do sujeito praticante com o saber inconsciente que lhe é próprio e a relação com um gozo ainda não esvaziado pela cura; sua relação com o saber, o poder e o objeto acaba embaraçada. Muitas dessas dificuldades dizem respeito ao ainda não analisado de uma cura em curso, talvez até o deixado em suspense de uma cura interrompida. Essa leitura está no princípio da posição que foi mantida pela escola húngara: ela desejava que a análise de controle fosse efetuada pelo analista didata, ao lado da análise didática[203]; essa leitura se verifica quando o controle dá lugar à retomada da análise da qual ele era a demanda insabida[204]. Logo, Lacan pôde sustentado que o projeto de controle deve ser elucidado entre o analista e o analisando e assegurar ele próprio os controles de certos analisandos, ou em certos momentos da análise, numa distância por vezes muito estreita com a própria análise.

Desejar falar de sua prática analítica no tempo de seu começo é reconhecer que nem o querer-ser-analista, nem a fantasia pela qual alguém

---

[202] Conclusão às jornadas de estudos sobre "Psychanalyse et psychothérapie", *Lettres de l'EFP*, nº VII, 1970, p. 158.

[203] V. Koracs, "Analyse didactique et analyse de contrôle" [*IJP*, 1936]. Republicado com o Relatório de 1927 do Comitê Internacional de Formação por M. Moreau em seu artigo "Analyse quatrième, contrôle, formation", *Topique*, nº 18, 1977.

[204] C. Stein, "Sur la pratique des cures contrôlés", em *La Mort d'Œdipe*, Paris, Denoël, p. 231-249.

se autoriza, nem os conhecimentos adquiridos bastam para se orientar na relação com os significantes e com a letra do analisando, na manobra da transferência no dispositivo da cura, e para ocupar o lugar de objeto de onde pode operar o ato. Mas o endereçamento a um controlador, supostamente experiente ou não, pode ser uma demanda de reconhecimento e autorização, uma demanda de inscrição numa filiação, numa rede ou numa instituição. Depende em ampla medida do tipo de resposta, e portanto da posição do controlador, que a autorização específica do ato psicanalítico seja deixada ou não em suspenso e que o praticante acabe acreditando ou não que ele pode se autorizar por seu controlador.

O desfecho dessa aporia, que revela uma demanda iniciática no cerne de uma iniciativa de objetivo técnico, não se deve apenas à cura que o "controlador" pode levar adiante, mas também à posição daquele ao qual ele se endereça. Se lermos a "psicanálise pura" como uma antecipação do "discurso analítico" escrito por Lacan seis anos mais tarde, podemos tentar ler o que seria o laço social do controle nesse discurso. O analista que "controla" a cura que ele conduz fala como sujeito, colocando no trabalho o que ele entende do texto do analisando, seu balizamento do enodamento da transferência, mas igualmente sua teoria implícita. Se o analista ao qual ele se endereça não está ali a título de um saber técnico, teórico ou clínico que ele "teria", nem como significante-mestre, nem no lugar do objeto como estaria o analista do controlador, ele só pode estar ali como sujeito desses saberes: esse sujeito suposto realizado pelo discurso analítico ao qual Lacan se endereçava quando ele se controlava com seu seminário. Não está reservado a um analista iniciante endereçar-se a outro analista, ou a alguns outros para esclarecer sua prática, explicá-la; esse endereçamento não está reservado ao controle. Lacan pode ter pensado que era preciso confiar a um dispositivo específico o "controle do ato"[205]. A leitura desse ato, seu resumo, o controle daquilo que faz a passagem de uma posição à outra no mesmo discurso foram confiados ao dispositivo do passe.

[205] J. Lacan, "Discours à l'EFP", *Scilicet 2/3*, Paris, Seuil, 1970, p. 18.

Cartéis

I – Psicanálise pura.

1 – Tornar-se analista
2 – Transferência e Interpretação
3 – Pulsões
4 – Sujeito e Subjetividade
5 – O sonho e sua interpretação
6 – A ciência dos sonhos
7 – Grupo belga

II – Psicanálise aplicada

1 – Perversões
2 – Clínica da Psicose (Estrasburgo)
3 – Questionamento da psicanálise infantil.
Problema da debilidade mental.
4 – Relação terapêutica
5 – Psicoterapia de crianças em grupos de analistas
6 – Psicose de criança
7 – O desejo em psicanálise e em medicina infantil
8 – Clínicas psicanalíticas
9 – Nosologia psiquiátrica e Instituições
10 – Grupo de Montpellier (Faure)
11 – Grupo de Vaucluse
12 – Terapêutica e expressão artística
13 – As interações neuróticas

III – Recenseamento do campo freudiano

1 – Teoria do discurso
2 – Psicoterapia individual e institucional (C T PSI)
3 – Alteridade judia
4 – Psicanálise e religião

5 – Estudos bíblicos
6 – Psicodrama
7 – Antropologia psicanalítica

Cartéis inscritos na Escola Freudiana de Paris.
Catálogo de 1965.

6

OS DISPOSITIVOS DE ESCOLA

OS DISPOSITIVOS EM QUESTÃO

Lacan correu o risco de incentivar a formação selvagem temida por Jones? Uma vez desregulamentada a formação do analista e essencialmente referida à "psicanálise pura", a ordem de necessidade da instituição para a formação levanta um problema. A noção de escola pode até estar separada da noção de instituição. É nesse sentido que H. Ey responde ao pedido de Lacan para que entre para a Escola Freudiana de Paris: "Uma escola é constituída quando um mestre ensina livremente a alunos livres. Uma escola não é uma instituição; ela não se funda em sua oficialidade e sim no prestígio de seu mestre [...][206]." Embora louve a "grande coragem intelectual" e "o imenso esforço" de Lacan, ele não o anima a perder tempo com uma instituição. Lamenta que Lacan não rompa com "a aventura da psicanálise leiga" e não prefira continuar sendo para os psicanalistas médicos o mestre que ele é e do qual precisam. Ainda que não tenha noção da tentativa feita por Lacan de se livrar de uma posição de mestre da verdade ao inscrever na instituição a problemática do desejo do analista, H. Ey

[206] Carta de H. Ey a Lacan citada por É. Roudinesco, *op. cit.*, p. 436-437.

entendeu bem que o que está em jogo nessa instituição é a efetuação da psicanálise como leiga.

Pode-se pensar que a instituição serve para declarar a instalação na profissão que na IPA permanece clandestina enquanto a Sociedade não a tiver autorizado. Pode-se pensar que ela serve para obter *a posteriori* o reconhecimento de uma formação prévia e para constituir uma clientela pela inserção em redes de influência e de poder onde o controle pode assumir, para cada um de seus parceiros, uma função determinante. Pode-se pensar também que ela permite oferecer a analistas supostamente já "formados" a oportunidade de continuar a "se formar", ao sabor de suas opções teóricas, isto é, das teorizações análogas ao pequeno pedaço de subjetividade própria a cada um. Enfim, pode-se, ao contrário, confiar-lhe o cuidado de sustentar uma *orthè doxa* com a qual cada um confrontaria as lucubrações fantasmáticas com as quais ele racionalizaria o enigma de seu desejo e sua aplicação na prática. Antes de qualquer noção de formação e de qualificação, a questão da doutrina e de sua transmissão orientou a iniciativa institucional de Freud. Ao criar uma instituição bem solidamente centrada para abrigar o núcleo doutrinal, ele se dava a liberdade de continuar a inventar a psicanálise. Mas também assumia o risco de que os censores ortodoxos que ele instituía ignorassem os remanejamentos que ele efetuaria. Lacan considerou, e alguns outros com ele, que a fundação da Escola encontrava sua garantia num ensino dedicado a reelaborar a doutrina ao ficar bem perto de seu objeto. Era considerar que a formação apropriada à especificidade da psicanálise como leiga requeria uma relação bem diferente com a doutrina e com a "*praxis* da teoria" que aquela induzida pela instituição de um ortodoxia ou pela referência a um mestre (de verdade ou de saber).

A formação selvagem não convinha mais a Lacan que a Freud; mas a "transmissão regular", regrada pela segunda regra fundamental, lhe parecia mais conforme ao rigor analítico que a transmissão regulamentada. Pela disciplina de pensamento e de trabalho que ela implica, sua referência "liberal" de 1953 vai contra o livre empreendimento que, em última instância, tem a ver com o Eu [*Moi*]. Talvez não seja surpreendente o princípio que "o analista só se autoriza por si mesmo", formulado em 1967, ter causado equívoco tanto quanto a referência às artes liberais. Esse princípio, que leva aos extremos a exigência de rigor do sujeito como da instituição, pôde ser utilizado para autorizar a auto-autorização que pode bastar para a "instalação" liberal. O mal-entendido é radical, e simples: entendido como um "autorizar-se por si mesmo", o princípio se enunciaria na primeira pessoa: "eu me autorizo por mim mesmo" ("nós nos autorizamos por nós mesmos"). O reconhecimento equivaleria então a um: "Você se autoriza por si mesmo". O princípio, que diz respeito ao ausentado do sujeito, contradiz rigorosamente essas formulações em espelho, só pode ser dito na terceira pessoa. Traz outra necessidade da comunidade analítica e da instituição, que Lacan formulará em 1974 ao precisar que o analista se autoriza por si mesmo e "por alguns outros". Não por alguns. A formulação desse princípio, em 1967, de certa maneira responde ao disparate de Nacht que, em 1953, foi causa da cisão. É importante notar que Lacan só enuncia isso no momento em que ele produz "o aparelho" destinado a tratar, ao renová-la, a questão, deixada à espera durante a fundação da Escola, do reconhecimento e da qualificação.

Apesar da marca hegeliana que, nos anos 50, podia substituir ao "forma-se" do modelo artesanal, o "formar-se" da *Bildung* da idade clássica, apesar da crítica radical da organização da IPA, Lacan não se ateve a uma "via negativa" em matéria de instituição. Os ensinamentos e as jornadas de estudo levavam em conta o contexto científico, médico e psiquiátrico. Com a difusão dos trabalhos nas *Cartas da Escola*, várias revistas participaram do dispositivo de formação, distribuído nas três seções à maneira de uma "formação musical": *L'Inconscient*, *Scilicet*, *L'Ordinaire du psychanalyste*, *Ornicar?*. Mas Lacan conhecia o pendor da instituição espontânea, o mesmo que Freud deixara se desenvolver, primeiro por não lhe ter feito a teoria, depois por falta de uma teoria (e, portanto, de um imaginário) capaz de suportar outro modo de instituir. Logo, a formação de escola deve também ser entendida como resposta à instituição espontânea, quase no sentido de uma "formação" militar (Lacan fala de "base de operação") obedecendo a uma estratégia. Com efeito, Lacan tentou forjar o laço social entre analistas *com* o discurso do analista. Via nisso a condição para que a formação do analista se mantivesse no dizer de Freud, pois os outros discursos barram o acesso a esse dizer[207].

[207] J. Lacan, "L'Étourdit", *Scilicet* 4, Paris, Seuil, 1973, p. 10.

A instituição espontânea, ainda que poderosamente organizada e historicamente determinada, obedece à psicologia dos grupos que Freud analisou em *Massenpsychologie und Ichanalyse*[208]. Permite que elementos diversos se mantenham juntos, unificados por um atributo comum, uma identidade: a identidade profissional mas igualmente a referência a um fundador podem fazer o papel. O caráter ilusório desse laço nada tira de sua eficácia, essa eficácia devendo-se em ampla medida à "confusão, num ponto, do significante ideal no qual se identifica o sujeito com o *a*", ou seja, à localização, nesse ponto, do gozo (*Sem.* XI, p. 245). É uma maneira de tratar o número. O traço "a mais" (líder encarnado ou não, doutrina, "nome de um", voz de um morto) que sustenta a identificação de cada um com o coletivo permite acrescentar de maneira indefinida um elemento aos outros. Não há limite numérico para essa reunião que contém um número indefinido de inteiros e pode esperar fundar sua força no grande número. A instituição espontânea é coerente com o laço social dominante em que o significante-mestre institui o sujeito, dividindo-o, é verdade, mas em que essa divisão é fantasmaticamente negada, dando ao sujeito a esperança de estar completado pelo objeto de seu desejo e de encontrar aquele "si mesmo" do qual está separado. Os laços de transferência, pelo movimento identificatório e a atribuição do objeto agalmático ao analista, a isso não contradizem. A história das instituições analíticas ilustra de maneira repetida o escoramento recíproco da instituição espontânea e dos laços de transferência, manifestando como a incidência desses laços no grupo pode, em contrapartida, deixar num impasse as curas e a teoria, barrar o acesso ao dizer de Freud, impedir que se construa o saber da estrutura que pode operar no ato psicanalítico.

Sob certos aspectos, o dispositivo da EFP reatava com o espírito das primeiras Sociedades de psicanálise, mas herdava necessariamente a história do movimento analítico e problemas difíceis aos quais a IPA dera um tipo de resposta: como tratar o número e o nome próprio, a qualificação e o reconhecimento (mútuo e social), a relação do sujeito e de suas teorizações

[208] S. Freud, *Psychologie des masses et analyse du moi*, OC XVI, p. 2083. Lacan, que pôde propor traduzir *Masse* por grupo, referiu a esse texto sua elaboração de 1964 do fim da análise. *Le Séminaire*, Livre XI, *op. cit.*, p. 244-246.

com a doutrina, as relações de poder e autoridade, a incidência da transferência sobre essas questões? A formação do analista na própria cura depende das modalidades de resposta institucional a essas questões. Lacan fundou na Escola a esperança de uma comunidade de trabalho e experiência que seu "aparelho doutrinal" tentava orientar. Mas desse aparelho a Escola só podia ser o "resto", um resto que Lacan não podia prejulgar. Com efeito, a doutrina não basta para constituir uma comunidade "de experiência e crítica" que não prolongue nem a instituição espontânea nem o comunitarismo produzido pela extraterritorialidade científica e social. Para isso é preciso algum desejo, articulado de modo diferente pelo discurso analítico, para isso é preciso disposições específicas que convenham melhor ao laço social da análise, suscetíveis de ligá-lo ao laço social com outros analistas e de responder de outro modo às dificuldades herdadas da história.

Para entender a questão dos dois dispositivos de trabalho e de formação propostos por Lacan, pode ser útil estudar mais a fundo essa noção de dispositivo. Lacan utilizou esse termo para falar da "experiência disposta" da cura. Via nela, mais que na invenção do inconsciente, a verdadeira criação de Freud na medida em que ela é um "dispositivo cujo real toca no real[209]". Muitos de seus alunos vão estender o uso do termo ao cartel, ao procedimento do passe, à apresentação de doentes, a procedimentos de trabalho sobre a prática. Ora, é também uma noção que M. Foucault conceitualizou para analisar a determinação mútua das relações de saber e poder, as "estratégias de relações de força que suportavam tipos de saber[210]". Conjunto heterogêneo a comportar uma rede de instituições, de enunciados científicos, filosóficos ou morais, de decisões regulamentares ou legais, de medidas administrativas, um dispositivo, segundo Foucault, é uma "formação" que resulta de uma estratégia. Não necessariamente atribuível a alguém, atendendo ao objetivo que faz dele a matriz, ele está ligado a limites de saber: assim, os dispositivos de internamento (da loucura ou da delinquência), de aliança, de fixação da mão de obra operária, de sexualidade. Segundo ele, na estratégia que tem o dispositivo de sexualidade de fazer o sexo confessar e de fazê-lo confessar

[209] J. Lacan, "... Ou pire", *Scilicet* 5, Paris, Seuil, 1975, p. 6.

[210] M. Foucault, *La Volonté de savoir, op. cit.* "Entrevue avec Michel Foucault", *Ornicar?* nº 10, 1997, p. 62093. G. Deleuze, *Foucault*, Paris, éd. De Minuit, 1986.

a verdade do ser humano, Foucault ressalta como as relações de saber e poder se pressupõem e se capturam reciprocamente. Ulteriormente, após uma "crise" teórica, ele vai extrair a instância do sujeito, distinguindo a subjetivação produzida pelo dispositivo e que permite sair dali (resistência, fuga, subversão, ação, invenção) da simples subordinação produzida pelo jogo recíproco do poder e do saber. Essa subjetivação não deixa de colocar em jogo uma divisão do sujeito em sua relação consigo mesmo.

Um dispositivo social de formação se constituiu, contemporâneo dos dispositivos estudados por Foucault; a formação profissional é uma efetuação entre outras (assim, a generalização da escolarização e o discurso pedagógico que o acompanha). A IPA a isso subordinou a formação dos analistas, pensando dar resposta aos problemas colocados pela transmissão da psicanálise e pelo reconhecimento de um número crescente de psicanalistas a formar profissionais da psicoterapia. Freud tentou resistir a esse modo de resposta, mas chocou-se com um limite de saber (a etiologia da psicose) e com a captura do saber psicanalítico pelo poder médico; com o tempo, passou a contar o "psicanalisar" na lista das "profissões impossíveis". Lacan tentou subverter a resposta da IPA ao pensar a formação do analista bem perto do sujeito que pode advir da "cultura" das formações do inconsciente. Seu passo é ter ressaltado como essa cultura deve levar em conta não só o sujeito como efeito de linguagem, mas também o objeto que causa o desejo inconsciente.

Ali onde a fantasia inclui o objeto como possível complemento do sujeito, fixando o desejo e orientando-o na via do desconhecimento, a cura confronta com o impossível dessa completude, com o objeto enquanto perdido, com o ser enquanto faltante à imagem e ao texto. Enquanto lugar e tempo desse confronto, a cura é um dispositivo: ele não é sem saber, ainda que "em reserva", não é sem "direção", ainda que desprovida de domínio. Se esse dispositivo pode confrontar o sujeito com o impossível constitutivo do humano é que ele próprio está estruturado por esse impossível. Lacan primeiro o abordou pela "disparidade subjetiva" que na transferência faz objeção à intersubjetividade. Com a lógica do sujeito e a elucidação do objeto *a*, ele pode precisar como o analista deve sustentar o engano de um endereçamento ao sujeito suposto saber, comprometer sua presença para operar com um objeto trazido no semblante, causar o desejo do sujeito contra a fantasia em que o analisando o alojou. Ali está verdadeiramente o real do dispositivo com o qual o analista deve se orientar, caso por caso, para regrar os tempos da cura (duração do trabalho em face a face e passagem ao divã, número e escansão das sessões, momento oportuno para a interpretação), mas também a posição que ele assume quanto ao pagamento das sessões. É possível professar, e, portanto, declarar publicamente, um ato que "força a fantasia" e descobre o intolerável do semblante que funda a economia do gozo, dando valor e sentido a tudo o que conta no mundo? Ali deve estar o impossível da "profissão" como tal. O analista, no entanto, não pode evitar esse impossível. O laço social, do qual se faz o agente por dele ter sido o efeito, não pode excetuar-se dos outros laços sociais; é com ele solidário na sincronia dos discursos. Não pode mais abrigar-se numa profissão mais de acordo com o laço social dominante (medicina ou psicoterapia), nem se contentar em declarar o nome e a renda.

Professar uma operação que pede, a termo, a suspensão da hipótese que a funda (o sujeito do inconsciente) e a queda de seu operador (o sujeito suposto saber que faz a transferência) requer um ateísmo de método mais ainda que de opinião ou de convicção. Esse ateísmo aplicado deve sê-lo tanto à teoria, à nossa relação com ela e com o sujeito suposto saber que ali está latente, quanto à figura do mestre do oculto que ameaça fazer mistagogia do não saber. Deve ser ali que está em jogo uma psicanálise leiga. Fazer profissão do (pouco de) saber e do (pouco de) poder que nos deixa o real da estrutura para emocioná-lo, e talvez determiná-lo, com certeza não pode ser feito só. A cura convida a subjetivar o saber inconsciente ao lhe supor um sujeito numa proximidade com a crença num Deus ou num mestre que saberiam a verdade do ser e teria o poder de nossa salvação. Nessa proximidade, ela confronta o sujeito com o gozo suposto a esse Outro mas também esperado dele. Reduzir o saber inconsciente à sua literalidade e produzir o objeto *a* pelo esvaziamento do gozo ligado aos objetos pulsionais com os quais ele se imagina é o assunto da análise, permitindo manejar o objeto e fazer uso do significante para um outro, no próprio lugar da divisão subjetiva. O pedaço de saber que se constrói, na cura, com a emenda dessas duas literalidades, pode permitir subjetivar o longo caminho pelo qual Freud, Lacan e outros se guiaram nessa estrutura. Talvez seja preciso um duplo movimento de subjetivação e de objetivação desse saber para reconhecê-lo em outros. Em modos diferentes, em momentos diferentes, os dispositivos do cartel e do passe permitem a associação a outros que é uma condição.

O cartel

Freud estabelecera como regra à Sociedade da quarta-feira que cada um ali devia tomar a palavra. Em janeiro de 1954, Lacan lembra aos participantes de seu seminário que a tradição do "seminário de textos" quer que cada um dê o máximo para contribuir para a "tarefa comum". No fim da sessão, à maneira de um *tutor*, ele propõe a O. Mannoni e a D. Anzieu que se associem para estudar a noção de resistência nos escritos técnicos de Freud, também propõe a F. Perrier e a V. Granoff que se associem para a mesma questão[211]. Ele acrescenta: "Veremos como proceder. Vamos nos deixar guiar pela própria experiência." Dez anos mais tarde, talvez instruído pela experiência, ele propõe outra fórmula para o trabalho na Escola: o princípio de uma "elaboração intensa" num pequeno grupo de três a cinco pessoas, "MAIS UMA encarregada da seleção, da discussão, e do desfecho a ser reservado ao trabalho de cada um". A nota acrescentada ao *Ato de fundação* dá o nome, mantido em reserva, desse grupo: o cartel. A palavra faz referência ao papel que suporta o escrito (*cartello, charta,* kartès), ao público (os artistas do *cartello* eram dignos do cartaz), mas também a uma estrutura associativa política, econômica ou artística. O "cartel" de Dullin, Jouvet, Baty et Potoëf, constituído em 1927 sobre "a estima profissional e o respeito recíproco", pretendia sustentar um esforço de pesquisa e criação conjugando a especificidade de cada um e a liberdade da escolha dos temas à disciplina da forma[212].

O dispositivo do cartel traz essas significações, mas também herda a experiência de W. R. Bion e de J. Rickman na Inglaterra de 1940; uma experiência que devia ser decisiva para as pesquisas clínicas e as posições institucionais de Bion, mas devia orientar mal Rickman em sua pesquisa

---

211 J. Lacan, *Le Séminaire,* Livre I, *Les Écrits techniques de Freud,* Paris, Seuil, 1975, p. 25.

212 A. Scarpalezou, "Note sur le cartel", *Carnets de l'École de psychanalyse Sigmund Freud,* nº 4, 1995.

de opinião junto a psicanalistas que haviam colaborado com o Göring-Institut. Lacan entusiasmou-se em 1945 pela obra de civilização desses dois psicanalistas que souberam encontrar "no próprio impasse de uma situação a força viva da intervenção". Ao reconstituírem em pequenos grupos sem líder o rebotalho do recrutamento do exército, eles souberam repensar uma solidariedade de grupo para um agregado de irredutíveis prejudicados em sua identificação, fazer prevalecer essa "referência do indivíduo a cada um de todos os outros" em que ele mesmo situava, no fim da guerra, a exigência fundamental de uma lógica coletiva[213]. Dirigindo-se "àqueles para quem a síntese do particular e do universal tem um sentido político concreto", ele operou uma "volta à lógica" suscetível de desconcertar os espíritos "ali onde a formação deles é só hábito". Procurou primeiro determinar a pura diferença ao fazer funcionar a "posição *por-três-e-um*" na lógica da suspeita fundada pela "noção absoluta da diferença".

Nessa lógica do sujeito desenvolvida por "O tempo lógico", "a verdade para todos depende do rigor de cada um[214]". À "generalidade" que compreende um número indefinido de indivíduos, unificados e identificados por um juízo de atribuição (S *é* P em razão de sua identificação com um ideal comum), Lacan opõe a "coletividade" formada pelas relações recíprocas de um número definido de sujeitos. No sofisma dos prisioneiros, eles são três para produzir cada um deles como sujeito de pura lógica. A saída, na pressa, advém quando cada um não intervém mais no ternário senão a título do objeto *a* que está *sob* o olhar dos outros. Separar-se desse objeto, antes que seja tarde demais, permite a afirmação subjetiva e *faz* o coletivo (*tres faciunt collegium*), um coletivo constituído em torno de um lugar vazio.

É com essa lógica que convém abordar a estrutura do dispositivo de trabalho proposto por Lacan para contribuir, com a cura, para a formação do sujeito e a formação do saber de que pode se suportar o analista. Ao fazer funcionar um limite para o número de participantes e para a duração do trabalho, o cartel permite que a dimensão da pressa constitutiva do sujeito opere em sua relação com o objeto e com o Outro. O cartel não tem por

[213] J. Lacan, "La psychiatrie anglaise et la guerre", *L'évolution psychiatrique*, 1947, fasc. 1; "Le nombre treize et la forme logique de la suspicion", *Ornicar?*, nº 36, 1986.

[214] J. Lacan, "Le temps logique", art. cit., p. 212.

objetivo constituir como "conjunto" alguns "uns" reunidos por um mestre ou um *tutor* que seria o Um-a-mais encarregado de fazer assimilar um saber de mestre, ou fazer produzir, num modo mais histérico, um saber para o mestre. Embora o cartel pareça ser apenas um grupo sem líder, nada garante que o pendor do grupo em instituir um líder ali não vai operar. Identificar numa pessoa qualquer, mas real, a função de "mais-um" tenta manter para cada um a questão do modo de identificação no coletivo. Lacan formulou isso assim: se é preciso identificar-se com o grupo, a que ponto do grupo é possível identificar-se para não fazer "multidão"? Se ele está ali como se representasse um lugar vazio, o da falta-a-saber, o "mais-um" do cartel pode permitir que cada um situe o saber em jogo no lugar de onde ele opera no discurso do analista, o lugar da verdade. Ao acaso dos encontros com o saber de um texto ou com o saber de um outro que lhe fazem sinal, o sujeito pode ligar o saber que ele constrói, ou construiu, na cura com seu saber inconsciente ao saber que Freud, Lacan e outros elaboraram e ao saber clínico aprendido com as curas.

Essa posição de sujeito, a trabalhar com alguns outros sujeitos, é uma das realizações mais justas da "transmissão de sujeito a sujeito" em que Lacan situa a necessária "transferência de trabalho". Talvez por ser um *hápax* do qual ele nunca fez conceito, essa expressão serve curiosamente para nomear o deslocamento dos laços de transferência da cura para a instituição. O fato de ele ser entendido como uma transferência da transferência em parte se deve ao fato de que laços de transferência estão bem presentes numa instituição em que se encontram analistas e analisandos. Mas o deslizamento de sentido legitima a confusão numa mesma pessoa do analista, do mestre-professor e do chefe de grupo. Essa confusão referiu-se eminentemente ao lugar dado a Lacan – aceito por ele? – e continua a se referir a alguns "uns", uma teoria dos "restos transferenciais" vindo por vezes autorizar uma política da transferência. A resistência ao dispositivo do cartel pode encontrar ali um fundamento. Em 1975, Lacan pôde considerar que talvez não houvesse ainda realização de cartel na Escola, e que, portanto, ela ainda não havia começado a funcionar como tal[215].

[215] J. Lacan, *Lettres de l'École freudienne*, nº 18.

O cartel permite situar o que faria a especificidade da formação do saber na psicanálise do ponto de vista de outros discursos ou outras práticas teóricas. Com seu "mais-um", ele não é o grupo de trabalho ou o *tutoring* que certas tradições universitárias instituíram para que quem ensine não seja o único a ser ensinado pelo que ele tenta transmitir. Há uma ética do discurso universitário que os psicanalistas não devem ignorar na tentativa de instituir uma prática teórica específica. Não é seguro que o cartel baste para trazer a informação histórica e crítica que faz a disciplina da pesquisa e do ensino universitários. Logo, só poderíamos ficar felizes que uma instituição de psicanálise abrisse um espaço para essa prática teórica em seus ensinos e que a Universidade e os organismos de pesquisa abrissem um espaço para a psicanálise[216]. Preocupar-se com isso ou desinteressar-se equivale a pôr, erradamente, o discurso do analista em posição de exceção fora da sincronia dos discursos. Mas essa tendência também se deve às aporias que haveria em querer formar os psicanalistas na Universidade. A formação dos psicanalistas que depende da prática da "psicanálise pura", isto é, da cultura do inconsciente, ali não pode ser assegurada; o ensino, mas a pesquisa igualmente, veem-se portanto desenodados de uma prática que os estágios clínicos não conseguem substituir. Ora, o saber operatório é aquele que põe em jogo um enodamento do saber inconsciente do sujeito, do saber da doutrina e do saber da clínica. É desse enodamento que podem advir os achados que a pesquisa supostamente visa e que a conduta das curas por vezes requer.

A outra dificuldade deve-se ao fato de que, de modo essencial e não contingente, a relação de transferência, a suposição de saber e de sujeito, necessariamente colocada em jogo pela relação de ensino e transmissão de uma teoria, não podem ser analisadas no quadro universitário. Ora, só há formação do analista da análise da transferência e de sua dessuposição. Por outro lado, o pendor do laço social universitário é colocar o saber em "Soma" e reduzir o lugar da pesquisa que, em sua dimensão científica, tem mais a ver com o discurso histérico. Esse pendor arrisca dar lugar a uma sistematização do saber contraditória com a abordagem crítica e contribuindo

[216] Para as coordenadas históricas dessa questão, cf. É. Roudinesco, *op. cit.*, p. 231-235 e 551-583.

para produzir um dogmatismo. A sistematização que mais ameaça o saber psicanalítico é aquela que o reduziria a uma versão entre outras do saber psicológico. Na melhor das hipóteses, mas talvez não a melhor, o modelo berlinense é que prevaleceria, modelo que não deixa de trazer a marca da fascinação de Abraham pela Universidade. Embora tenha sustentado, não sem ambivalência, a aventura universitária de Vincennes, Lacan guiou-se mais pelo ensino dos orientadores de uma instituição não universitária, a "École pratique des hautes études". O fato é que seria presunção insabida pensar fazer a economia da disciplina crítica colocada no princípio da Escola Freudiana de Paris. Se não basta para dar-lhe as ferramentas, o trabalho em cartel, quando é efetivo, permite entender sua necessidade; ele se inscreve, então, na longa tradição, retomada por Lacan, dos "seminários de textos".

A transmissão ao público é um dos desfechos possíveis do trabalho em cartel, sob a forma de uma comunicação, de um texto cujo modo de difusão pode variar, às vezes de uma publicação. Escrever, e ler evidentemente, é uma via da formação e faz parte dessas disciplinas da letra nas quais o psicanalista deve ser formado para sua prática de leitura e escrita na própria cura. Foi uma via decisiva de formação para os primeiros psicanalistas que participaram dessas revistas que Freud infatigavelmente apoiou. Desse ponto de vista, seria importante estudar mais a fundo a curiosa tentativa de Lacan com *Scilicet*[217]. A fórmula era orientada pelo empreendimento coletivo dos matemáticos do grupo Nicolas Bourbaki, mas bem diferente: não há redação coletiva, não há anonimato estrito já que uma lista de nomes devia assumir o conjunto da publicação, manutenção do nome próprio de Lacan na posição de exceção na qual o colocara a expulsão de 1963. Lacan relacionou essa fórmula à questão da formação, dando a não-identificação do autor em *Scilicet* como aquilo que "prova a formação"[218]. O fato de ele ter imaginado isso como prova da formação não faz disso, no entanto, uma de suas vias. É o que dá a entender a intervenção de Lacan sobre o cartel em abril de 1975, durante as jornadas dedicadas pela EFP aos trabalhos e ao funcionamento dos cartéis[219].

---

217 Retomamos essa questão num artigo a ser publicado na revista *Essaim*.

218 J. Lacan, Liminaire, *Scilicet 2/3*, Paris, Seuil, 1970, p. 4.

219 J. Lacan, *Lettres de l'École freudienne*, nº 18.

Concluindo essas jornadas, Lacan afirma que a psicanálise não consegue manter juntos os psicanalistas da maneira como a matemática permite que os matemáticos sejam uma comunidade de trabalho. Essa observação é contemporânea do avanço por ele efetuado ao passar da escrita do matema à escrita do nó, por ele qualificado de "*mathesis* falha". Esse avanço permite especificar uma questão do cartel. Lacan teve de reconhecer que não há conjunto do Simbólico, do Imaginário e do Real, mas que eles ficam juntos ao serem enodados em torno de um furo. Esse enodamento, em que cada dimensão determina um modo de nomeação, pode esclarecer a maneira como podem ficar juntos "uns" não muito inteiros, heterogêneos em sua relação singular com a psicanálise. Lacan sustenta nesse dia que, se podem trabalhar juntos num saber dificilmente partilhável, é contanto que cada um no cartel tenha seu nome.

O significante muito particular do nome próprio deve-se, por um lado, à pura dimensão da letra, mas também coloca em jogo a voz que o pronuncia, que chama. Resto da nomeação, não tendo outra significação que uma sequência de fonemas e letras, ele coloca em jogo a cada inscrição ou a cada pronúncia o significante que falta no lugar do Outro para nomear o sujeito como ser falante. O neurótico não traz seu nome, é antes importunado pela tomada do nome próprio no imaginário de um nome que traria o Eu [*Moi*]; sua fascinação pelo "nome de Um", em que La Boétie soube reconhecer o princípio da servidão voluntária, faz dele um "Sem Nome" com horror do nome. Se o "mais-um", sobre o nome do qual três ou quatro entraram em acordo, contenta-se em trazer seu nome sem dar a isso outra significação que sua pura literalidade, isso pode permitir que ele mesmo e alguns outros se associem e avancem num saber que não é nunca "exatamente isso". Que ali avancem aprofunda o lugar de sua enunciação.

O cartel põe em jogo alteridade. As temporalidades da relação com o saber ali são heterogêneas, dependem dos momentos da cura e da prática em que cada um se encontra; as formações anteriores, a relação que elas determinam no trabalho da cultura e às vezes as próprias práticas também são heterogêneas; ainda que um texto, uma questão clínica ou teórica sejam oportunidade de reunião, o que causa cada um em sua relação com a psicanálise permanece singular. Essa heterogeneidade contribui para reabrir para cada um o campo do inconsciente que, por natureza, se fecha, e ali ordenar a construção do saber. Ela aprofunda, de outro modo que a cura, um "não é exatamente isso". Nesse sentido, o cartel participa dessa "via da formação" que Lacan esperava transmitir e que é devida ao estilo que foi o seu em sua elaboração "em progresso". Em 1975, ele define para os estudantes de Columbia University de que maneira do estilo do tempo de sua juventude – "não é exatamente isso" – ele fez um estilo que "tenta ficar bem próximo daquilo que é "exatamente isso"[220]. Como sua elaboração, é um estilo *in progress*, que comanda o recurso a formalizações e escritas sucessivas e que faz muito precisamente a passagem do matema ao nó. Lacan introduz o nó em 1972 para escrever a fórmula do amor: "Peço-te que recuses o que te ofereço porque não é isso." No lugar do impossível cujo índice é o "não é isso", ele colocará no nó o objeto *a*.

Se a formalização de Lacan dá acesso à teoria do objeto *a*, a formação desse objeto depende da cura. Se o dispositivo do cartel trabalha bem próximo do "não é exatamente isso", o dispositivo do passe confronta os analistas com a necessidade de ficar bem próximo daquilo que é "exatamente isso" ao terem de reconhecer se esse objeto causa o desejo do analista.

O passe

Pouco antes do fim do período de formação em Viena de L. Andreas-Salomé, Freud conversou com ela sobre as razões que a levavam a se dedicar à psicanálise. Ela fala da importância de uma "ciência em devir" que sempre traz a um começo e de sua dívida para com uma experiência de nosso ser real[221]. Mais tarde, ela devia lhe escrever que esse começo é o ato em jogo, e primeiramente em Freud, no início do "psicanalisar". Nem um nem outro poderia ter imaginado que um psicanalista elaboraria a lógica desse ato e tentaria orientar a formação com essa lógica. Só Ferenczi teve a intuição que a instituição da formação poderia apoiar-se em análises levadas a seu termo; vimos que Freud preferiu à sua intuição a solução proposta por Jones do

[220] J. Lacan, Conférences et entretiens dans des universités nord-américaines, *Scilicet 6/7*, Paris, Seuil, 1976, p. 48.

[221] L. Andreas-Salomé, *Correspondance avec S. Freud*, *op. cit.*, p. 77, 224, 325.

Comitê Secreto. Lacan ignorava esse detalhe dos primórdios da história da IPA ao propor à sua escola que se orientasse com o começo do "psicanalisar", com esse ato ao qual pode introduzir uma psicanálise em seu fim. Para isso, propôs um dispositivo[222].

Nesse dispositivo em chicana, um "passante" fala separadamente com dois "passadores" das coordenadas desse ato, do "passo" que, na cura, o fez passar da via analisante à posição de analista. Esse passo, ele o deu só, sem sequer o apoio da fantasia que podia sustentar seu desejo de ser analista; esse passo, ele pode ser levado a renová-lo, igualmente só, em cada cura. Ao termo dessas entrevistas, cada passador, diante de um júri, dá seu testemunho do que ouviu. Ao fim do trabalho sobre esses testemunhos, em função do que lhe vem ou não pelos passadores de um dizer do ato, o júri se pronuncia e qualifica ou não o Analista da Escola. Logo, não há entrevista direta com o passante, seu dizer só chega ao júri pela voz dos passadores, fora do olhar. O passador, ainda que tenha sido sorteado, não é qualquer um; ele é designado por seu analista para estar, no decurso de sua análise, nesse "passo" de que lhe fala, ele no só-depois, o passante. O passador está nesse "passe" ao ponto de dele ser a verdade; é condição necessária para que possa ser ouvido um dizer desse momento. Não é condição suficiente: o passador deve poder estar numa relação com os "alguns outros" que lhe permita reconhecer outros saberes inconscientes.

Lacan pode ter-se divertido dizendo, no outono de 1968, que era sua "reforma" do exame, desse procedimento de entrevista que só serve para dizer o que supostamente se espera do examinador. Também pode ter-se espantado com a oposição que sua proposição encontrara entre seus companheiros mais próximos: ela devia mudar muito pouco apenas "a demanda de análise para fins de formação"[223]. A complexidade do dispositivo mostra sozinha que a questão no entanto não é pequena. Se o dispositivo da cura faz existir o inconsciente da hipótese freudiana (pois esse inconsciente implica que o escutem), o dispositivo do passe faz existir a passagem da via analisante ao ato que funda o psicanalista. Pois o ato implica que o leiam

[222] J. Lacan, "Proposition du 9 octobre 1967", *Analytica*, vol. 8, supplément à *Ornicar?*, nº 13, 1978 e "Proposition du 9 octobre 1967 sur le psychanalyste de l'École", *Scilicet*, nº 1, Paris, Seuil, 1968.

[223] J. Lacan, *Lettres de l'EFP*, nº 7, 1970, p. 160 e "Discours à l'EFP", *Scilicet, 2/3*, *op. cit.*, p. 24.

para voltar ao sujeito a partir do desconhecimento que o estrutura. Um psicanalista pode desejar saber o que produz a *Verleugnung* do ato, o que do real em jogo nesse ato produz seu desconhecimento. Lacan imaginou que essa *Verleugnung* que faz a hiância do ato estivesse no princípio do mal-estar das Sociedades de psicanálise. Assim, propôs ao psicanalista que assim desejasse dar o segundo "passo" que fará existir o primeiro, a segunda volta que completará a primeira, tentando ler esse ato. Logo, o dispositivo do passe permite, também, que exista o desejo do psicanalista na dimensão, nova para o sujeito, de um desejo de saber correlato a alguns outros e não só ao Outro. Podemos assim compreender que esse dispositivo, com o do cartel, devia fazer existir a Escola, que ele era um segundo tempo de sua fundação, esse segundo tempo identificável em toda cultura de fundação.

Esse dispositivo também tem questões teóricas e clínicas. Com efeito, a "experiência disposta" por ele permitida esclarece as coordenadas do momento de passe: sua relação com o fim da cura e com a construção do objeto *a*, o desejo do psicanalista que ali se forma, o destino da pulsão e da fantasia nesse desejo. Vamos apenas evocá-los; os caminhos que tivemos de tomar para circunscrever a questão da formação do psicanalista nos conduzem a só deixar pouco lugar à experiência do passe e de seu dispositivo, a adiar seu estudo para um trabalho ulterior. Para abordar o caráter "estreito" da proposição vamos nos ater ao ponto em que Lacan entendia renovar, e não abandonar, um elemento maior da prática da formação na IPA: a qualificação do psicanalista e o papel que aí tem a seleção. Ele diz isso de modo um pouco provocador em dezembro de 1969 aos estudantes de Vincennes e aos psicanalistas presentes ao "impromptu"[224]. Aconselhando-lhes a leitura do número recente dos *Estudos freudianos*, ele elogia um artigo em que um membro da SPP critica a instituição psicanalítica[225]. Ali reconhece a própria posição, precisando que tirou as conclusões do impasse "magistralmente demonstrado" pelo artigo. Lamenta que uma nota ali não indique que "há num lugar um extremismo que tentou fazer passar isso numa proposição que

[224] J. Lacan, "Analyticon", em *Le Séminaire*, Livre XVII, *L'Envers de la psychanalyse*, Paris, Seuil, 1991, p. 230.

[225] Trata-se do artigo de J.-L. Donnet, "Cursus et hiérarchie dans la société d'analyse. Esquisse d'une étude structurale", *Études freudiennes*, 1-2, 1969, p. 111-150.

renova o sentido de toda a seleção psicanalítica". Lacan se explica ainda mais claramente em 1973, em Montpellier, sobre seu desejo de um "recrutamento de estilo diferente", que romperia com as leis da concorrência em ação na maioria dos grupos humanos e com a redução do saber a uma mercadoria[226]. Para entender o novo sentido dado por Lacan à seleção, pode ser útil voltar a essa prática tradicional. Assim fazendo, devemos saber que o fracasso, reconhecido por Lacan, de sua tentativa, e o fato de ela permanecer submetida à prova de novas experiências, não permitem mais reagir com arrogância às dificuldades encontradas na IPA com a qualificação e a seleção.

A comunicação de S. Goodman durante o simpósio de Broadway em 1980 é alimentada pelos debates dos trinta anos precedentes[227]. Os critérios e os procedimentos de seleção foram questão de numerosas críticas e são ainda agora fonte de um descontentamento e de um mal-estar tais que S. Goodman pergunta, com outros, se não é preciso suprimir essa prática. Mas é forçoso constatar que, apesar das críticas de que é objeto, em lugar algum ela está suprimida; ainda que reduzida à admissão final numa Sociedade, a qualificação em jogo nessa admissão retroage sobre a formação. Antes mesmo de encarar os métodos, os procedimentos e os critérios, a questão prévia é, portanto, aquela do momento oportuno: é preciso uma pré-seleção ou é preciso confiar esse papel à própria análise dando-se a possibilidade e a coragem de corrigir um erro de orientação? Quanto mais se seleciona cedo e com prudência (de fato, sobre uma base médica), mais se arrisca a perder "bons" psicanalistas. Logo, S. Goodman defende, quando houver pré-seleção, exigências mais reduzidas, deixando uma chance à análise e um lugar à dimensão da aposta. Da lista de qualidades preditivas, a maioria não específicas, e de contra-indicações que ele extrai de uma compilação de artigos, guardaremos a menção do "desejo sustentado de compreender o espírito", a unanimidade em afastar a psicose, a psicopatia... e a normalidade, um debate em curso sobre o caráter desqualificador ou não da perversão, o reconhecimento doravante partilhado por todos de que a neurose é uma boa indicação para que o candidato assuma o risco de uma formação. O

[226] J. Lacan, "Sur l'expérience de la passe", 3 de novembro de 1973, em *Ornicar?*, nº 12/13, 1977.
[227] S. Goodman, "De la sélection", em *La formation du psychanalyste*, *op. cit.*, p. 171-193.

método da entrevista com o candidato também é objeto de uma confiança unânime. A questão espinhosa permanece a dos selecionadores e dos conflitos teóricos e políticos que cristalizam nessa prática: "Quem seleciona quem?", segundo que querer? A discussão revela as causas mais frequentes das dificuldades recorrentes da seleção: perda da tradição em proveito de uma vontade de modernizar e de democratizar a análise, lutas pelo poder que se apóiam em redes de influência transferencial em que opera "a identificação com a imagem do analista", narcisismo dos didatas cegando-os sobre seus próprios analisandos. A gravidade desse mal-estar se deve à questão, claramente enunciada por S. Goodman, da prática da seleção: com efeito, a qualificação que ela funda desempenha um papel crucial para o futuro da psicanálise já que ela escolhe aqueles que constituirão a profissão no futuro, aqueles de quem dependerá que o acento seja colocado no terapêutico ou na pesquisa. O ideal seria produzir psicanalistas "capazes de unir ao máximo o sábio ao profissional".

A comunicação de S. Goodman é testemunha de um movimento de reflexão crítica na IPA que, em certas Sociedades e em particular na França, pôde modificar o padrão da formação. Mas para além das variantes institucionais, a análise feita por Lacan, em 1956, do mal-estar das Sociedades conserva seu lado mordaz[228]. Ele pôde então escrever que a *Suficiência* é o "grau único da hierarquia psicanalítica" e sustentar que, contrariamente às aparências (a graduação na hierarquia entre as categorias de membro), ela dá boas razões para que a Sociedade se diga democrática (E. 475). Reconhecido e escolhido como conforme, cada psicanalista é mestre e se basta de um reconhecimento de seu ser de psicanalista. Essa suficiência lhe vem do modo de reprodução imaginária que, na cura e nos controles, a transmite. Ela lhe vem de uma formação em que a autorização é recebida iniciaticamente de um Outro cuja autoridade é fundada, pelo mesmo modo de transmissão, na autoridade patrocinada por Freud com o Comitê Secreto. Nossa hipótese é que os psicanalistas orientaram a transmissão na via imaginária do "fac-símile" mais que da genealogia simbólica quando rejeitaram, em 1927, durante o debate sobre a análise leiga, a autoridade doutrinal de Freud.

[228] J. Lacan, "Situation de la psychanalyse et formation du psychanalyste em 1956", em *Écrits*, *op. cit.*

Lacan formula em 1967 o corolário dessa *Suficiência*: o desconhecimento do real em jogo na experiência, do real de que se forma o analista. Ele sustenta que o mal-estar das Sociedades é devido a esse desconhecimento que determina a suficiência e acaba confortado. Logo, pensou poder trazer, com sua proposição, uma solução aos problemas das Sociedades ao dar à Escola o meio de orientar-se não com o ideal mas com o real, de levar em conta o real em jogo na formação. É uma posição freudiana, no sentido em que Freud enuncia que um psicanalista deve reconhecer a realidade. Lacan não procura selecionar e qualificar um psicanalista ideal, ele institui uma formação de Escola aberta, enuncia o princípio que o analista só se autoriza por si mesmo e propõe reconhecer *a posteriori* a relação efetiva do analista com a formação dispensada pela Escola. O que implica que se enunciarmos o princípio que o analista só se autoriza por si mesmo e se relacionarmos a *Suficiência* com o desconhecimento do real em jogo no ato que funda a autorização, convém dar ao psicanalista a possibilidade e o meio de reconhecer esse real. Convém deixar-lhe essa escolha já que uma longa experiência mostra que ele pode não querer saber. É necessário um dispositivo outro que a cura uma vez que essa dimensão específica da formação inclui a queda do sujeito suposto saber que fazia a transferência e não pode mais ser endereçamento. Lacan julgou que a estrutura do ato requeria um dispositivo indireto ao qual o controle tampouco convinha. O endereçamento a alguns outros no dispositivo poderia, além disso, permitir um enodamento regrado, mas permanecendo contingente, do privado da experiência a uma lógica coletiva.

Assim, no reconhecimento por ela praticado, a Escola admite formalmente a orientação que os analistas dão de fato à sua prática e o interesse que têm pela experiência da Escola. Ela os qualifica em função dessa orientação e da relação que têm com a formação. Ao avesso da seleção tradicional que escolhe o candidato (mas também o psicanalista, o didata, o supervisor e o selecionador), a Escola assim reconhece as modalidades da escolha feita pelo analista, escolha que é significativa de sua relação com a psicanálise. Logo, a Escola qualifica certos analistas como Analistas Membros da Escola (AME), outros como Analistas da Escola (AE), outros declaram sua prática sem serem qualificados pela Escola. Esse *parti pris* de distinguir, *na* qualificação, a hierarquia do *gradus* afirma-se na versão escrita da *Proposição* em 1968, mas só será formulado como questão lógica em 1974 durante uma sessão do seminário *Les non dupes errent*, contemporâneo da proposição feita por Lacan a três analistas italianos de fazerem uma Escola apoiando-se apenas na nomeação do AE. Esse princípio de dupla qualificação lentamente vai surgindo, não sem tentativas contraditórias em suas modalidades de aplicação, em particular quanto ao papel específico dos júris e quanto à passagem de um título ao outro. Essas tentativas contribuíram para entravar a experiência, pois cálculos políticos e restos sedimentares do modo tradicional de seleção puderam engolfar-se ao ponto em que o princípio de funcionamento não estava assegurado em lógica.

Logo, importa demorar-se na distinção operada por Lacan entre hierarquia e *gradus* depois de ele ter precisado que sua proposição não suprime a hierarquia. Entende-se habitualmente que a hierarquia de que fala Lacan faria referência às posições de poder na instituição, elas mesmas ligadas às funções administrativas, à aura de um professor, à autoridade e à prestância reforçada por uma restauração da transferência no grupo. Teria sido, na EFP, um resquício da IPA pelo qual seria responsável a primeira atribuição de títulos por Lacan. Desde a fundação da EFP, Lacan, didata da SPP e da SFP e em posição de fundador, havia instituído e atribuído os novos títulos de AE e de AME. Ainda que os nove titulares da SFP só constituíssem o terço dos primeiros AE por ele nomeados (com sete associados, seis estagiários e dois alunos), o título de AE herdava a função de titular da IPA, arriscando trazer de volta se não uma lista pelo menos um corpo de didatas. Isso, no momento em que Lacan precisava que um didata só o é no futuro anterior, para tal cura que terá formado um analista. A hierarquia de que falava Lacan em 1956 não era aquela, ela não era homóloga às *Beatitudes* mas bem à *Suficiência* que atravessava as três categorias de membros. Com sua proposição, ele entende não suprimir a hierarquia mas colocar um princípio de ruptura com ela ao inventar um procedimento de qualificação do AE que devia transformar o título de AE instituído em 1964[229]. Costuma-se considerar que essa transformação não institui uma hierarquia entre os dois títulos embora também se faça do AME o primeiro passo do *gradus*. Propomos outra leitura do lugar do AME.

229 J. Lacan, "Sur l'expérience de la passe", art. cit., p. 119.

Se é possível dar crédito a Lacan por não recuar diante do uso arcaico de um termo, sobretudo quando ele o coloca do ponto de vista de um termo latino, convém entender sobre o que se refere a distinção que ele institui[230]. A noção, não clássica em grego, de "hierarquia" teve grande sucesso na eclesiologia, nos confins da teologia e da organização social da Igreja. Designando uma ordem determinada por seu começo (*arché*) mas também seu mandamento (*arché*) sagrados (*hieros*), o termo serviu, inspirando-se do Pseudo Denys, para pensar a articulação e a transmissão da ordem, da *épistémè*, e da atividade na instituição. A partir do século XVII, a significação administrativa do termo recuperou em seu proveito o sagrado recalcado da noção. Oposto ao currículo, o *gradus* é a marcha, o passo da marcha, o passo que é dado, no sentido mais concreto do termo... um sentido que é encontrado em *passus*; mas *gradus* causa equívoco com o grau que prevalecerá na significação moderna. No latim da Idade Média, o *gradus* é, como o "passe", o termo marítimo para designar a passagem na entrada de um porto, em particular o encontro, no estuário, das águas do rio e do mar. O uso anacrônico desses dois termos é a maneira encontrada por Lacan para falar do novo sobre o antigo, e para propor coisa nova na relação com o saber, com o outro e a instituição, com o ato.

Para além dos embaraços da pré-seleção, que pode ser reduzida ou suprimida, a seleção qualificadora funda-se na IPA numa transmissão pelo psicanalista e pelo(s) controlador(es). É esta a hierarquia, numa transmissão cuja corrente é derivável de um começo ainda mais sagrado porquanto secreto, como Balint pressentiu já em 1947, uma corrente que pode ser relacionada a um princípio iniciático. É uma hierarquia em que, de maneira mais patente que em outras instituições, se conjugam a significação (e a função) administrativa e a antiga significação religiosa herdada pelo sujeito suposto saber. Pode encontrar sua referência na reprodução imaginária em que opera a identificação com o analista ou na filiação simbólica. Ela coloca em jogo a transmissão do falo. Ainda que Lacan qualifique de "relapso" a restauração da transferência em ação na cooptação que se funda dessa transmissão

230 J. Le Brun, "Sur les notions de hiérarchie et de *gradus*", a ser publicado em *Essaim*, nº 6, Ramonville Saint-Agne, Érès, 2000.

segundo a *hierarchia*, ele a isso não renuncia mas, ao acrescentar a regra do *gradus*, o que faz referência para a hierarquia acaba transformado, bem como o título de AME instituído em 1964. Como indicam bem os lugares onde Lacan situa o psicanalista "vindo de não-sei-onde", o passador, o AE e o AME no grafo do desejo, há uma retroação sobre o AME não só do analista "vindo de não-sei-onde" ensinado por Lacan, mas do AE que, também no dispositivo, se confronta com a falta de garantia no Outro, e tenta comunicar aquilo que, por causa do objeto, é instranmissível. À referência imaginária da hierarquia das Sociedades pode ser substituída a referência simbólica da genealogia. O AME depende da hierarquia, ou seja, de uma ordem diferente do *passo* dado pelo passante ao renovar, no dispositivo do passe, o passo efetuado na análise, ao fazê-lo existir por essa repetição. Com efeito, não há hierarquia entre esses dois modos de se situar em relação ao princípio que o analista só se autoriza por si mesmo. A partir desse princípio, uma escolha permanece quanto à maneira de se situar em relação à autorização, em relação ao ato e à comunidade analítica. A possibilidade, que parece ter obcecado e entravado o júri de aprovação, de um AME se tornar AE em razão da nomeação de um de seus analisandos como AE, é contraditória do ponto de vista da distinção instituída por Lacan: ela faz entrar em jogo o princípio genealógico de "hierarquia" no interior do *gradus*. Resistência à invenção de Lacan, essa eventualidade é significativa de um impensado da proposição.

A qualificação de AME entendia dar "ao lado de fora" uma garantia para a capacidade profissional, uma garantia de formação "suficiente" - pode-se ver nisso uma piscadela de olho às "suficiências" –, dada a um analista que "deu suas provas" por um júri de acolhimento encarregado também, em 1964, de receber os candidatos ao controle. Esse júri devia obter o acordo do didata, do ou dos controlador(es) e considerar os trabalhos. O psicanalista não se candidatava a isso. A qualificação de AE, interna à comunidade, devia ser dada (ou não) pelo júri de aceitação no fim do procedimento do passe àqueles que decidiram engajar-se em participar, a partir da experiência que tinham, do trabalho de elaboração doutrinal. O fato de haver dois títulos, relacionáveis a duas ordens diferentes e não hierarquizáveis, colocava que nenhuma das duas basta para determinar um "ser analista" que poderia (se) bastar. O AME e o AE têm a ver com o princípio que o analista só se autoriza por si mesmo e pelo ato, mas eles não se inscrevem da mesma maneira quanto ao desejo de saber disso alguma coisa. Se nenhum dos dois títulos pode fazer o analista "suficiente", é que analista ele só pode "ser" da suposição que institui a transferência, suposição que ele só sustenta de um "des-ser" inicial e que terá saída na transferência.

Assim, a proposição de Lacan deixa aos analistas a escolha de se inscreverem de uma maneira ou de outra na relação que têm com a psicanálise e a comunidade dos psicanalistas. A Escola qualificava ao constatar formalmente essa escolha, ali onde ela, a seleção tradicional, operava a escolha. Nessa orientação, Lacan foi ensinado por sua experiência de didata, pela experiência das duas cisões, pela escolha que foi a dele na prática e que o fez herético de uma ortopraxia, pela escolha feita por analistas ao preferirem um ensino que elaborava o que é a psicanálise a uma instituição preocupada com sua conformidade ao padrão. Logo, os AME e os AE estariam qualificados ao título de uma escolha, a deles. É uma escolha que traz consequência, pois pôr no começo a figura, necessariamente paterna, do fundador – o que o título de AME designa – ou o ato de onde se funda uma invenção (de um saber, de um dispositivo) – o que o título de AE designa – não tem os mesmos efeitos e não põe em jogo a mesma autoridade. Em 1974, Lacan interrogou as condições lógicas que permitiriam que o analista tivesse realmente a escolha, autorizando-se por si mesmo e por alguns outros, de se inscrever numa relação ou outra com a psicanálise. Se a escrita das fórmulas da sexuação faz que é verdade que um ser falante autoriza-se por si mesmo e pelo encontro, necessariamente contingente, com algum(uns) outro(s), para inscrever-se do ponto de vista da função fálica e da castração como homem ou como mulher, falta a escrita que permitiria que o analista realmente tivesse a escolha de inscrever-se de uma maneira ou de outra em relação à "função" da qual ele se determina. No mesmo tempo, Lacan ironizou sobre a cifra da alma constituída pelo AME, constatou os estragos do "nomeado a" em ação na titulação a uma função e propôs a três psicanalistas italianos que constituíssem uma escola reduzindo-a a "nomear" o AE quando houver. Em sua carta, deixou entender que a experiência de Escola que sua *Proposição* havia tentado refundar... não era exatamente isso.

Aí permanece, no entanto, a questão de qualificação trazida pela proposição de Lacan: assumir o risco de dizer "é isso", e nomeá-lo. É o que está em jogo na instituição da psicanálise como leiga, em que a psicanálise e o psicanalista são especificados por uma determinação simbólica do ato que sustenta sua prática e não pela referência a uma ordem de transmissão sagrada, paterna ou iniciática. Nesse sentido, não é seguro que a qualificação da capacidade profissional estabelecida segundo a ordem hierárquica baste para qualificar "para o lado de fora" a psicanálise como leiga. O que está em jogo na qualificação do AE é determinar o real, aquele do gozo com a qual a cura está às voltas, mas também aquele do grupo e de seu gozo. Com efeito, Lacan amarrou a nomeação do psicanalista, que compromete a responsabilidade da Escola e por aí mesmo lhe dá corpo, ao reconhecimento do real em jogo na formação, à escolha que pode fazer o analista de reconhecer esse real e de não só remediá-lo pelo sintoma e a fantasia. Determinar o real compromete as duas operações do sujeito nas quais Freud se demorou na *Ichspaltung*: o "não quero saber nada disso" do recalque e o "não quero saber nada disso" do desmentido. Freud pôde enunciar que a teoria postula como visada da cura a correção *a posteriori* dos processos na origem do recalque. Podemos afirmar que a elaboração de Lacan permite postular que a operação sobre o objeto tem uma questão de correção sobre o desmentido.

Não é fácil entender como Lacan operou esse enodamento do nome de AE, do real e da Escola e importa, portanto, ver como a questão caminhou. Em 10 de novembro de 1963 foi realizada a Assembleia Geral da Sociedade Francesa de Psicanálise que devia debater a expulsão de Lacan proposta um mês antes pela Comissão de Estudos[231]. Logo, no horizonte próximo da discussão, há a iminência da ruptura das negociações com a IPA e um risco de cisão na SFP. É então que J. Aubry interroga o título de psicanalista do ponto de vista de sua função: "É possível funcionar como analista sem esse título? [...] Só seremos analistas se formos reconhecidos tais por outros, "nomeados analistas", ou o seremos porque nos reconhecemos como tais no interior? Em todo caso, fica claro que, na relação analítica, o analista é reconhecido tal pelo analisado e por si mesmo." Mas o contexto a conduziu a referir o horizonte da separação iminente a outro horizonte velho apenas de uns vinte anos e, podemos pensar, sempre atual para tal ou tal: os fatos

[231] *L'Excommunication*, *op. cit.*, p. 92-103.

da última guerra mostraram como o aval internacional da IPA permitiu a analistas, dentre eles Freud, Spitz e Lœwenstein, "evitar as experiências mais aviltantes". "Só existe a IPA que possa dar esse aval?"

É difícil dar razão mais determinante à manutenção do abrigo que o título de psicanalista pode constituir. Lacan vai se esforçar para que a Escola constitua esse "abrigo", sem que seja ao preço de reduzir "os deveres implicados no desejo do psicanalista". Logo, no horizonte de sua proposição, ele menciona a resposta eficaz que a IPA constituiu para os psicanalistas judeus da *Mitteleuropa* reconhecidos, "nomeados analistas" por ela. É indicar que a Escola, em seu dever de reconhecer o real em jogo na formação do psicanalista, deve orientar-se com essa resposta ao real constituído pelo título de analista, pelo nome de analista. Entre a resposta pelo exílio que, na maioria dos casos, a IPA permitiu e a proposição de Lacan há um furo, a fratura irredutível da Shoah e o real estrutural do humano que ela desnudou. Esse trauma, que faz ressoar em seu horror a "seleção", coloca a cada psicanalista, mas também à instituição, a questão colocada por Anne-Lise Stern: "Qual psicanálise após Auschwitz[232]?" Bordejar esse furo tecendo os significantes de alíngua não o reduz. A invenção do dispositivo do passe, solidário da invenção do objeto *a*, é testemunha do entendimento por Lacan dessa questão que encontrava aquela que era a dele própria desde o fim da guerra.

Com sua proposição, Lacan inventa um dispositivo cujo real permita reconhecer o real de que se formou o analista. Num mesmo movimento, ele elabora esse real em jogo quando a tecedura dos significantes de alíngua, reduzindo sua eflorescência ao significante inaugural da repetição, extrai o ser de objeto do sujeito. Esse resto perdido da articulação significante faz a radical alteridade do "si mesmo" que o sujeito aspira reencontrar e sua incomensurabilidade ao significante. Esse "si mesmo" percebido como *agalma* na fantasia, a um só tempo maravilha e dejeto abandonado do desejo dos pais, só é abordado ao preço de uma destituição subjetiva que faz "ser" muito fortemente e confronta com o real do gozo que excede o simbólico. Pela escolha de sua posição na estrutura, o sujeito organizou uma certa relação com esse real e busca nas paixões comuns do amor, do ódio e da ignorância

232 A.-L. Stern, "Psychanalyste après Auschwitz?", *Essaim*, nº 4, Ramonville Saint-Agne, Érès, 1999.

uma via de realização desse ser ao mesmo tempo em que dele se protege pela fantasia. A transferência, em sua suposição de um sujeito de saber inconsciente, pelo amor e o ódio que ela a isso endereça, cristaliza essas três paixões. No entanto, ela é a via proposta pela psicanálise para oferecer ao desejo a oportunidade de encontrar sua pegada de um "des-ser". A relação do sujeito com o real pode acabar mudada, a paixão da transferência, que é "de veia" no inconsciente, pode acabar desfeita. Já em 1953, Lacan colocou que, ao reconhecer os limites da experiência, mas ao se obnubilar nas posições iniciais do sujeito, a seleção deixa de ver que se "a análise nada muda no real [...] ela muda tudo" para o sujeito[233]". Assim, ela se impede de elaborar como, e com outra coisa que a transferência, ela opera sobre o sujeito: com o desejo do analista. Logo, essa é uma questão do dispositivo: esclarecer, e antes de mais nada para o próprio passante, como a cura operou ao ponto de advir o desejo de dar uma chance ao objeto *a*, por exemplo, ao oferecer a outro a possibilidade de que se repita a operação. É uma saída entre outras para o desejo que ali se formou e que não é esgotado pela condição profissional que o cobre em vez de nele se fundar. Ao aprofundar uma distância entre a saída didática e a condição profissional, Lacan tem em mente que uma psicanálise possa um dia "ser demandada como didática sem estar em questão ela ser estabelecida[234]".

Transmitir como a colocação em função do impossível no dispositivo da cura operou, pela via da transferência, sobre a relação do sujeito com o impossível excede toda transmissão direta seja ela qual for (entrevista, escrito, conferência...). Lacan considerou que a elaboração lógica que ele fazia disso não bastava muito para essa transmissão e que nem a cura, nem o controle, nem o cartel convinham para fazer existir esse saber. Para isso é preciso um dispositivo capaz, por sua própria estrutura, de atingir esse impossível. A colocação em função dos objetos pulsionais enquanto reais pelo testemunho indireto (suspense da voz e do olhar do passante), a distância aprofundada entre os ditos do passante e sua enunciação, o fato de confiar a transmissão desse dizer aos passadores que estão bem perto de sua verdade, a divisão

---

[233] J. Lacan, Conférence à la SFP "Le symbolique, l'imaginaire et le réel", 8 de julho de 1953, *Bulletin de l'Association freudienne*, nº 1, 1982; (E.350).

[234] J. Lacan, "Discours à l'EFP", art. cit., p. 20.

da função passador entre dois passadores: esse real do dispositivo permite atingir o real do qual se formou o analista, "atacar" o ato "pelo viés através do qual ele se institui no agente[235]". Isso permite que o analista "passante" disponha não do ato, que continua a superá-lo, mas de sua "relação com esse ato". Permite que, para analistas que supostamente o esqueceram, esse momento volte o bastante para que possam dizer: "é isso", nomeando-o.

O fato de um analista tentar dizer com esse dispositivo por que chicanas do trabalho do inconsciente e da transferência se formou, em sua análise, o desejo do analista, tem efeitos de formação para cada participante do dispositivo. A experiência vivida no dispositivo é uma via privilegiada para operar o duplo movimento de subjetivação e objetivação do saber que torna possível uma relação não dogmática, não fantasmática, e que não seja de repetição cansativa, com a doutrina. Ela permite passar pela via do "mais particular do sujeito", em que cada caso questiona a ciência psicanalítica. Permite passar pela via da enunciação que pode se aprofundar na junção da verdade e do saber. O dispositivo não tem por única visada verificar e autenticar, conforme os termos correntes, o passe que ocorreu na cura. Ele permite uma experiência, ensinadora daquilo que a cura ensinou, em que pode ser estudado mais de perto o que falta dizer e o que falta saber. Se o dizer do passante, transmitido pelos passadores, tem efeitos de formação, uma frase curiosa de Lacan pode por ele ser esclarecida. Ele pôde dizer, na primeira versão de sua *Proposição*, que o AE tinha "uma posição equivalente ao que em outros lugares é chamado didata", e isso embora, já em 1964, ele tivesse colocado que um analista só é didata no só-depois de tal cura que formou um analista, sem prejulgar o que advirá de outra cura. O fato de o passe de um AE ter, em razão do dispositivo, efeitos de formação, e antes de mais nada de formá-lo como Analista da Escola, não o agrega a nenhum corpo, nem mesmo ao da Escola pela qual ele aceita se responsabilizar junto com outros. Talvez por ter, nessa experiência, tomado a dimensão de sua dívida para com a psicanálise.

Em sua própria precariedade, a experiência vivida por cada um dos parceiros do dispositivo forma um laço de trabalho inédito constituído pela

---

235 J. Lacan, *Ibid.*, p. 13.

articulação a alguns outros do enodamento que deve fazer cada psicanalista entre o trabalho do inconsciente e o trabalho da teoria. Esse enodamento a alguns outros põe em jogo uma relação com a alteridade tornada possível pela separação com o "ele mesmo" do sujeito e pela determinação que disso se produz da pura diferença. Ele traz uma outra necessidade da instituição que vem se enodar à sua necessidade doutrinal e social. O fato de um analista comprometer nesse dispositivo a leitura do ato, de ele considerar que as coordenadas muito privadas desse ato fazem parte, contanto que haja elaboração e para um público definido pelo dispositivo, do "bem comum", de outros analistas assim entenderem e se arriscarem a nomear que analista foi "formado", inscreve um laço entre analistas que não tem a ver nem com a transferência, nem com a prestância, nem com a genealogia. O enodamento da experiência e do saber a uma comunidade de encontro, que não estabelece relação, pode contribuir para a formação de Escola. Essa formação, tecida entre outras pelas partilhas, regradas pelo dispositivo, do sem medida comum, deve reconhecer a modalidade do encontro que a constitui: sua contingência.

PERSPECTIVA

Contam que as mulheres navajos nunca terminam um tapete, como acontece de um pintor esquecer de pintar uma ínfima parte da tela. Mas se um pintor pode esquecer de esquecer, elas não esquecem de deixar um furo. Como teceram o pano com todo coração, têm medo que ele fique preso nas malhas.

Tecemos alguns significantes da formação do psicanalista em torno do furo produzido pela cisão que, em dois tempos, separou Lacan da IPA. Situamos esses significantes na arqueologia e na história da difícil questão colocada aos psicanalistas: é preciso, e como, instituir a formação do psicanalista? Essa perspectiva faz surgir dois lados na formação, com os quais o analista está às voltas, em relação aos quais ele se orienta, conforme uma escolha com certeza determinada no inconsciente. Contra um preconceito inicial, para nós ficou claro que Lacan tentou manter juntas, embora as distinguisse, a dimensão hierárquica da filiação e a dimensão do ato.

Decidimos não estudar as coordenadas atuais da formação do psicanalista. Com efeito, datado e localizado, nosso trabalho é determinado pelo efeito de furo produzido pela dissolução da Escola Freudiana de Paris, logo seguida pela morte de Lacan. A dispersão por ela suscitada torna patente o fato de que a orientação dos psicanalistas do ponto de vista dos dois lados da formação não repete a fratura operada pela cisão. Ter de se situar em relação a essas duas dimensões agora diz respeito, talvez na França mais que em outros lugares, tanto aos alunos de Lacan quanto aos psicanalistas da IPA. Assim, a situação francesa poderia dar resultados. Há algo a ser inventado que permita que os psicanalistas se orientem em sua formação em relação a esses dois lados e, na escolha que podem fazer, se reconheçam parceiros daqueles que se inscrevem do outro lado. O que supõe que as lógicas de formação que tentamos extrair não sejam consideradas modelos aos quais se conformar ou a rejeitar, nem tipos ideais, mas maneiras de responder ao impossível da profissão. Esses modos de resposta estão inscritos de modo complexo na história das instituições psicanalíticas, pois instituir a formação do psicanalista é tentar o impossível enodamento das três "profissões impossíveis" identificadas por Freud: psicanalisar, educar, governar.

Reconhecer que há, para cada psicanalista, duas dimensões da formação e uma possível escolha na maneira de se situar em relação à psicanálise e à comunidade analítica, exige reconhecer a alteridade de cada uma. Um caminho foi percorrido na Sociedade Psicanalítica de Paris dos debates, já no fim dos anos 60, sobre a formação, até a fusão em 1986 da Sociedade e do Instituto. As modificações trazidas ao padrão por essa Sociedade e pela Associação Psicanalítica da França contribuíram para questionar a ortopraxia que fizera da IPA uma burocracia tecnicista. A dispersão dos alunos de Lacan decerto se orientou em função dos laços transferenciais, mas, no essencial, a relação com seu ensino ali foi determinante. A relação com os dois dispositivos de escola que ele extraiu desse ensino, em particular a relação com sua proposição para renovar a qualificação do psicanalista, parecem orientar essa dispersão. Desse ponto de vista, pensamos que o movimento de diáspora dos alunos de Lacan começou em 1969 com a partida dos analistas que fundaram o Quarto Grupo, antecipando pelo nome que, dali por diante, seria preciso contar os grupos. Podemos ver nisso o sinal de um real (o real do número articulado ao real do grupo): a ser reconhecido e a ser tratado. Os alunos que rejeitaram a proposta sobre o passe prolongaram, em sua maioria, a formação tradicional e sua qualificação procurando inventar modos mais analíticos de instituí-la; outros desistiram de passar essa responsabilidade à instituição. Entre os que ressaltaram os dispositivos do cartel e do passe, as distâncias são importantes; apegam-se à interpretação das relações paradoxais entre o passe e a instituição. Alguns renunciaram à nomeação do AE; outros retomaram a estrutura de Escola, uns ali efetuando uma captação dos dispositivos a serviço de uma "transferência de massa", outros inventando modalidades que dão chance às questões analíticas e institucionais da nomeação.

Seria preciso reconhecer essas diferenças, apreciar as derivações que essas interpretações põem em ação do ponto de vista dos objetivos desses dispositivos e as invenções que elas possibilitaram. Pode-se supor que terá sido necessário, para que esse reconhecimento fosse possível, o tempo de elaboração dos traumas e dos lutos. Mas iniciativas corporativistas dos psicoterapeutas e a tendência dos Estados europeus ao controle social introduzem nessa necessária perlaboração algo da função da pressa. Os projetos de organizar a profissão de psicoterapeuta dão aos psicanalistas a oportunidade, e talvez o dever, de declarar a especificidade de sua disciplina e de sua prática, as implicações, para a formação, de seu caráter leigo. Estamos, como em 1926, mas num contexto social, científico e médico diferente, na situação em que se encontrou Freud de dever fazer que os poderes públicos entendessem o mal que fariam à psicanálise se a anexassem a outra profissão: a medicina em 1926, a psicoterapia hoje. Após sessenta anos de filiação da psicanálise americana com a psiquiatria e a medicina, um psicanalista da Associação Psicanalítica Americana concluía em 1980, na Broadway, que a APA "deveria dar meia-volta" visto a ameaça feita à integridade da psicanálise. Se a psicanálise não pudesse manter a relação tensa e paradoxal que é a sua com a psicoterapia (o que implica nela não estar inclusa), ela estaria igualmente ameaçada. Fazer entender isso requer fazer entender como, por sua visada própria de resolver a transferência, a prática da psicanálise traz a contradição mais rigorosa às manobras e apropriações sectárias do sujeito suposto saber. Não é só ao sujeito que isso diz respeito, mas também à civilização.

BIBLIOGRAFIA

ANDREAS-SALOMÉ, L. 1970, *Correspondance avec Sigmund Freud. Journal d'une année. 1912-1913*, Paris, Gallimard.

BALINT, M. 1972, *Amour primaire et technique psychanalytique*, Paris, Payot.

BALMÈS, F. 1999. *Ce que Lacan dit de l'être*, Paris, PUF.

BERNFELD, S. 1983. "Sur la formation psychanalytique", *Esquisses psychanalytiques*, nº 1.

CANGUILHEM, G. 1968. "Qu'est-ce que la psychologie?", em *Études d'histoire de la philosophie des sciences*, Paris, Vrin.

CLAVREUL, J. 1978. *L'Ordre medical*, Paris, Seuil.

COSTECALDE, A.; GÁRATE-MARTINEZ, I.; LACHAUD, D.; TRONO, C. 1995. *Devenir psychanalyste. Les formations de l'inconscient*, Paris, Maspero.

DETIENNE, M. 1967. *Les Maîtres de vérité dans la Grèce archaïque*, Paris, Maspero.

Essaim, nº 4, *Nouvelles formes de résistance à l'analyse profane*, Ramonville Saint-Agne, Érès, 1999.

FABRE, M.

FERENCZI, S.

Fondation européenne pour la psychanalyse, 1996. *La Formation des psychanalystes*, Paris, Point hors ligne.

FOUCAULT, M. 1961. *Histoire de la folie à l'âge classique*, Paris, Plon.

FOUCAULT, M. 1976. *Histoire de la sexualité*, I, *La Volonté de savoir*, Paris, Gallimard.

Freud, S. 1953, *La Technique psychanalytique*, Paris, puf.

Freud, S. 1991. *Sur l'Histoire du movement psychanalytique*, Paris, Gallimard.

Freud, S. 1999. *Conférences d'introduction à la psychanalyse*, Paris, Gallimard.

Freud, S. 1985. *La Question de l'analyse profane*, Paris, Gallimard [e em *Œuvres completes*, t. XVII, Paris, puf. 1994].

Freud, S. 1985. *Résultats, idées, problèmes*, t. II, Paris, puf.

Freud, S. 1986. *L'Homme Moïse et la religion monothéiste*, Paris, Gallimard.

Freud, S.; Abraham, K. 1969. *Correspondance*, Paris, Gallimard.

Freud, S.; Jones, E. 1998. *Correspondance complete*, Paris, puf.

Freud, S.; Ferenczi, S. 1992-2000. *Correspondance*, 3 vol., Paris, Calmann-Lévy.

Freud, S.; Weiss, E. 1975. *Lettres sur la pratique*, Toulouse, Privat.

Glover, E. 1958. *La Technique de la psychanalyse*, Paris, puf.

Grubrich-Simitis, I. 1997. *Freud: retour aux manuscrits*, Paris, puf.

Heidegger, M., 1958. *Essais et conferences*, Paris, Gallimard.

Jones, E. 1958-1969. *La Vie et l'œuvre de Sigmund Freud*, 3 vol., Paris, puf.

Kaufmann, P. 1998, éd. *L'Apport freudien. Éléments pour une encyclopédie de la psychanalyse*, Paris, Larousse-Bordas.

Lacan, J. 1975. *De La Psychose paranoïaque dans ses rapports avec la personnalité*, Paris, Seuil.

Lacan, J. 1966. *Écrits*, Paris, Seuil.

Lacan, J. 1975. *Le Séminaire*, Livre I, *Les Écrits techniques de Freud*, Paris, Seuil.

Lacan, J. 1978. *Le Séminaire*, Livre II, *Le Moi dans la théorie de Freud et dans la tecnique de la psychanalyse*, Paris, Seuil.

Lacan, J. 1973. *Le Séminaire*, livre XI, *Les Quatre Concepts fondamentaux de la psychanalyse*, Paris, Seuil.

Lacan, J. 1991. *Le Séminaire*, Livre XVII, *L'Envers de la psychanalyse*, Paris, Seuil.

Lacan, J. 1975. *Le Séminaire*, Livre XX, *Encore*, Paris, Seuil.

Lacan, J. 1965. *Acte de foundation, Note ajointe, Préambule*, Annuaire de l'École freudienne de Paris.

Lacan, J. 1968. *Proposition du 9 octobre 1967 sur le psychanalyste de l'École*, *Scilicet*, 1, Paris, Seuil.

Lacan, J. 1970. "Discours prononcé par J. Lacan le 6 décembre 1967 à l'efp", *Scilicet*, 2/3, Paris, Seuil.

Lebovici, S.; Solnit, A. 1982, éd. *La Formation du psychanalyste*, Paris, puf.

Leclaire, S.; l'Apui 1991. *État des lieux de la psychanalyse*, Paris, Albin Michel.

Miller, J.-A. 1976, éd. *La Scission de 1953*, supplément à *Ornicar?*, nº 7, Paris.

Miller, J.A. 1977. *L'Excommunication*, Supplément à *Ornicar?*, nº 8, Paris.

Milner, J.C. 1995. *L'Œuvre claire*, Paris, Seuil.

Nassif, J. 1999. *Comment deviant-on psychanalyste?*, Ramonville Saint-Agne, Érès.

On forme des psychanalystes, "Rapport original sur les dix ans de l'Institut de Berlin", Présentation de Fanny Colonomos, Paris, Denoël, 1985.

Porge, E. 1989. *Se compter trois. Le temps logique de Lacan*, Toulouse, Érès.

La Question de l'analyse profane, dans *Le Coq Héron*, nº 150, 1998.

Revue internationale d'histoire de la psychanalyse, 2, "Histoire en France de la formation la plus appropriée...", Paris, puf, 1989.

Roudinesco, É. 1982-1986. *La Bataille de cent ans. Histoire de la psychanalyse en France*, 2 vol., Paris, Seuil.

Roudinesco, É.; Plon, M. 1997. *Dictionnaire de la psychanalyse*, Paris, Fayard.

Safouan, M. 1983. *Jacques Lacan et la question de la formation des analystes*, Paris, Seuil.

Safouan, M.; Julien, P.; Hoffmann, C. 1995. *Malaise dans la psychanalyse. Le tiers dans l'institution et l'analyse de contrôle*, Paris, Arcanes.

Topique, nº 57, *Scissions psychanalytiques*, Paris, Dunod, 1995.

Lacan, J.

Valabrega, J.-P. 1994. *La Formation du psychanalyste*, Paris, Payot.